LES

*Du bon usage
des superstitions*

Pierre Canavaggio

*Du bon usage
des superstitions*

La Table Ronde
7, rue Corneille, Paris 6ᵉ

© Éditions de La Table Ronde, Paris, 1998.

ISBN 2-7103- 0869-X.

*À mes sorcières bien-aimées,
encore ;*

*à Jean-Paul ;
à mes amis du Dîner de Paris.*

Étude
en sept parties
sur des
choses utiles à la vie humaine

Préliminaires • p. 9
Des formes diverses de la magie • p. 26
Sorciers et sorcières • p. 36
Des croyances magiques • p. 48
Des caractères différents des superstitions • p. 67
Les treize superstitions universelles • p. 76
*Pour ne pas en finir avec
ces choses utiles à la vie humaine • p. 94*

Préliminaires

La religion est née des superstitions. Elle ne le leur a pas pardonné. Faute d'avoir réussi à les éliminer malgré les promesses d'un paradis à retrouver et, plus tard, malgré la vigueur de l'Inquisition, la religion a été contrainte de récupérer l'eau lustrale des druides qu'elle a rebaptisée, d'adopter la célébration païenne du solstice d'hiver à laquelle elle a fixé Noël, ou encore de transmuter les prodiges des magiciens en miracles.

Éloïse Mozzani (dans *Le Livre des superstitions*, Bouquins-Robert Laffont) cite un père de l'Église qui aurait prescrit, vers l'an 600, aux prêcheurs chargés de rameuter des ouailles : « Ne détruisez pas les temples, baptisez-les d'eau bénite, dressez-y des autels ; là où le peuple a coutume d'offrir des sacrifices à ses idoles diaboliques, permettez-lui de célébrer, à la même date, des festivités chrétiennes. »

Jusqu'à la fin du Moyen Âge, les chrétiens, curés, et évêques compris, ont consulté les *Écritures*, de manière superstitieuse, pour savoir quelle conduite adopter dans les moments de doute. Aujourd'hui encore, tout Américain ayant de la religion pratique de même, s'il se trouve en perdition : la première phrase qui lui tombe sous les yeux, après avoir ouvert sa *Bible* au petit-bonheur-la-chance, est le conseil que Dieu lui donne pour se gouverner.

Nées au soleil des savanes africaines en même temps que l'humanité, transmises avec la vie dans les cavernes, cultivées en secret par les sans-grade d'une société hiérarchisée un peu plus chaque jour, les superstitions s'étaient révélées indéracinables.

Elles le sont restées.

L'ARTICHAUTIÈRE CABALISTIQUE

Les superstitions sont entrées dans ma vie par hasard : grâce au directeur d'un hebdomadaire ésotérique qui m'a passé commande d'un *Dictionnaire des superstitions et des croyances*. À part saint Christophe auquel je jetais un coup d'œil machinal pour partir rassuré et les fers à cheval porte-bonheur, je n'avais jamais prêté attention aux superstitions jusque-là. En les regardant de près, j'ai découvert que ce sont des béquilles fort utiles pour les jours de grand vent, comme pour les jours heureux.

Les douze treizièmes des superstitions ne visent qu'à avertir de ce qui peut arriver de mauvais ou de bon. Avertir, selon des codes connus des initiés. Cependant, il ne tient qu'à chacun d'appartenir, ou pas, à la famille. Pour ne pas rater le secours qu'elles proposent à leur manière, il suffit de les connaître et de rester sur le qui-vive, attentif à repérer le moindre fait, même adventice, lorsqu'il s'en produit un.

Ainsi la naissance d'une tache blanche sur l'ongle du majeur de la main gauche est-elle un signe avant-coureur à ne pas négliger : un ennemi se prépare à nuire à la personne qui constate l'apparition de cette marque prémonitoire.

On le voit, les superstitions préviennent des menaces qui planent. Elles révèlent aussi des pièges que les choses les plus anodines en apparence peuvent dissimuler. Qui pourrait imaginer qu'un artichaut réserve des surprises, au nombre de sept et toutes mauvaises, si on le mange sans précaution ? Alors que toute personne, même vaguement superstitieuse, sait que ce légume, fade au demeurant, peut apporter une semaine d'ennuis si ses feuilles sont en nombre impair : un par jour et tous inévitables.

Pour éviter un compte fastidieux et prévenir tout risque, il faut, avant d'entamer un artichaut :

☞ Soit, murmurer, comme pour soi-même :
« Peu me chaut tes maux, artichaut ! » (parenthèse : le murmure est primordial : une formule magique perd de son efficacité, si on la prononce à voix haute. Knud Rasmussen [1879-1933], explorateur danois et ethnologue amateur, a observé : « On peut recevoir des formules en héritage, mais personne d'autre ne peut les entendre ; sauf

celui qui doit en faire usage – sinon elles perdraient leur force… Comme les secrets que l'on confie à l'air et qu'il faut donc murmurer ») ;

☞ Soit, après avoir retourné l'artichaut cul par-dessus tête, tracer une croix de saint André avec son couteau sur le fond ;

☞ Soit, enfin, ouvrir l'artichaut d'un seul coup de lame, avant de détacher la première de ses feuilles.

On le voit, contrairement à la croyance que Tristan Bernard (1866-1947) a répandue, les superstitions n'ont pas été inventées pour porter tort aux hommes. On se souvient de sa profession de foi : « Je ne suis pas superstitieux, j'ai peur que cela me porte malheur. »

SIGNE PARTICULIER : MÉFIANT

Les superstitions ont dû naître de l'expérience accumulée au fil des malheurs des hommes, de leurs bonheurs aussi, petits et grands. Encore aujourd'hui, il s'en crée de nouvelles, le plus simplement du monde. Exemple : s'il arrive à quelqu'un d'enfiler un vêtement à l'envers deux ou trois fois de suite et par inadvertance, quelque chose va survenir dans sa vie, auquel il ne s'attend pas et qui va peut-être la bouleverser.

Elles peuvent naître aussi de la transgression d'un mythe, comme celle qui recommande de ne pas passer sous une échelle.

Elles peuvent naître encore d'une obsession : les œillets ont fini par porter malheur aux comédiens pour la seule raison que ces derniers croient que ces fleurs, venues de Perse et qui ne sont ni à Dieu ni au Diable, leur sont maléfiques.

Elles peuvent enfin avoir vu le jour à la suite d'un fait historique oublié mais avéré. Par exemple, celle qui recommande de ne jamais passer une salière, de la main à la main.

Les superstitions procèdent de l'empirisme, c'est évident. Mais cette manière expérimentale de parier sur l'avenir suppose que l'on prenne en compte, de façon précise et systématique, des événements, inattendus mais produisant le même effet à chaque fois – sans raison apparente.

Les personnes rejetant toute superstition, ou peu préoccupées de ces signes accessoires, répétitifs et chargés de sens, n'y voient que du feu. Alors qu'elles les reconnaîtraient dans l'instant comme autant de messages les concernant, si elles se trouvaient dans un état d'esprit réceptif. Pour la raison simple que ces signes, qu'on appelle des intersignes, entretiennent des rapports évidents et significatifs de cause à effet avec ceux à qui ils s'adressent, même s'ils échappent à la logique commune.

Toute personne superstitieuse a constaté que, par un effet d'attraction propre à la magie, si elle part en retard pour un rendez-vous, tout va la retarder ; alors que si elle se trouve en avance, tout concourra à lui conserver cette avance.

PRÉLIMINAIRES

Quel usager des transports en commun n'a pas remarqué que, s'il est en retard, les seuls autobus se suivant avec régularité toutes les cinq minutes sont ceux qui passent dans l'autre sens que celui qu'il doit emprunter ? De même ne lui a-t-il pas échappé qu'il ne faut jamais attendre un autobus à un arrêt commun à plusieurs lignes : n'y défilent, en effet et à un rythme rapide et régulier, que ceux desservant les autres lignes que celle qu'il doit prendre.

Les gens superstitieux ne sont ni plus ni moins intelligents que les autres. Ils n'ont pas de tares, ni de dons particuliers. Toute personne d'esprit ouvert, c'est-à-dire n'admettant comme évident que « deux et deux font quatre » mais qui sait aussi se fier à ses pressentiments, devrait être capable de repérer ces signes, ces signaux plutôt, puis d'en tirer l'enseignement qu'ils apportent. À condition de les considérer comme un tout. Et, ce faisant, d'induire le sens donné par leur combinaison.

Fort heureusement pour nous, sceptiques ou pas : « Il y a dans notre corps un certain instinct de ce qui nous est salutaire. » Proust l'a constaté.

EAUX DE VIE ET DE MORT

L'eau bénite chrétienne, qui sert à éloigner le démon de tout ce qui tombe sous le goupillon de l'église (un bateau qu'on met à l'eau pour la première fois, un enfant, un troupeau, un champ, une maison, un mariage, etc.), l'eau bénite, donc, n'est pas sans rappeler l'eau lustrale inventée, utilisée et révérée par les Gaulois. Elle fait partie de ces croyances magiques que la religion n'a pas réussi à éradiquer et qu'elle a dû adopter bon gré, mal gré, mais comme l'a écrit Cicéron, *mutatis mutandis* (en ayant changé ce qui doit l'être).

Voici comment nos ancêtres la fabriquaient : à la pleine lune, dans une clairière ouverte au cœur d'une forêt de chênes, le doyen des druides éteignait une torche de chêne enflammée dans une marmite d'airain énorme, emplie d'eau puisée la veille à la source du village par sept jeunes filles vêtues de lin blanc et de probité candide – vierges pour tout dire.

Comme le caractère magique de l'eau lustrale chassait les esprits malfaisants liés à la mort (sa raison d'être), on en plaçait une vasque pleine à ras bord, à côté de la porte de la maison d'une personne venant de trépasser. Les voisins et amis qui venaient saluer une dernière fois le défunt et sa famille s'en aspergeaient les uns les autres, sans oublier le mort, au moyen de branches de gui (ou de buis, selon les régions), au moment où ils quittaient la maison mortuaire.

Les chrétiens qui n'usent pas autrement de l'eau bénite pour leur liturgie ont observé que la plus efficace des eaux bénites est celle qui a été bénie la veille de Pâques.

DES THÉSAURUS ENDIABLÉS

Pour pouvoir écrire sur les superstitions dont je ne savais rien de ce qu'elles sont, d'où elles viennent, ni comment on s'en sert, il m'a fallu lire beaucoup de bouquins : des livres reliés en peau de bouc, l'incarnation favorite du Diable.

Sont ainsi devenus mes compagnons de route, des ouvrages sérieux mais souvent plus poétiques que scientifiques, comme : *Le Grand Albert*, base de toute recherche en matière de croyances magiques, attribué à Albert le Grand (1193-1280) – philosophe et alchimiste, il fut le maître de saint Thomas d'Aquin ; la *Démonologie des sorciers*, de Jean Bodin (1530-1596), parue en 1580 ; le *Disquisitionum magicarum libri sex*, publié en 1599 et dû au jésuite hollandais Martin-Antoine Delrio (1551-1608) ; les *Discours et histoires de spectres, visions et apparitions des esprits* que Pierre Le Loyer (1550-1634) a fait éditer en 1605 ; l'*Histoire des imaginations extravagantes de M. Ouffe, servant de préservatif contre la lecture des livres qui traitent de la magie, des démoniaques, des sorciers, etc.*, de Laurent Bordelon (1653-1730), qui date de 1710 ; *Les Farfadets ou Tous les démons ne sont pas dans l'autre monde* (1821), de A.-V.-Charles Berbiguier de Terre-Neuve-du-Thym (1776-1851) ; sans oublier l'*Infernalia* (1822), de Charles Nodier (1780-1844) ; et surtout, le *Dictionnaire infernal* (1863), de Collin de Plancy.

On trouve dans le maître ouvrage de cet historien spécialiste de l'enfer un certain nombre de sagesses dont quelques-unes ont encore cours : « Malheureux qui chausse le pied droit le premier – Un couteau donné coupe l'amitié – Il ne faut pas mettre les couteaux en croix, les fourchettes non plus, c'est un sinistre présage ; il en est de même d'un pain posé à l'envers – Certaines gens trempent un balai dans l'eau pour faire pleuvoir – Quand une femme est en travail d'enfant, elle accouchera sans douleur si elle met la culotte de son mari – On ne doit pas manger de choux le jour de la Saint-Étienne, parce qu'il s'était caché dans des choux pour éviter le martyre – On peut boire tant qu'on veut, sans crainte de s'enivrer quand on a récité ce vers : *Jupiter his alta sonuit elementer ab Ida.* »

J'ai éprouvé quelque peine à constituer cette documentation et un vrai bonheur de lecture à m'y plonger. Cependant, malgré la mine d'anecdotes que ces grimoires contiennent, au-delà de leurs cocasseries (involontaires, le plus souvent), de leurs pédanteries rédigées en latin de cuisine, de leurs recettes mêlant la bave de crapaud à du sang de vierge, ils se sont assez vite révélés insuffisants et répétitifs, vieillots, contradictoires la plupart du temps.

Pour en savoir plus et mieux, il m'a fallu chercher ailleurs, « aller sur le terrain », comme Proust est allé dans le monde, à la recherche du temps perdu. Cette chasse aux superstitions demeurées vivaces n'a pas été la partie la plus désagréable de mon enquête – tant s'en faut.

PRÉLIMINAIRES

LA STREGHA DE MÈRE-GRAND

Ma première interview, la plus facile à obtenir, fut celle de ma grand-mère. Comme la plupart des paysannes corses (ce qu'elle était), elle avait recours, lorsqu'il y avait urgence, à l'un des nombreux usages superstitieux qu'elle tenait de sa mère, laquelle les avait reçus de la sienne.

C'est en grande partie parce qu'elles ont été transmises par les femmes (aïeules, mères, belles-mères, nourrices, épouses, etc.) que les superstitions ont survécu depuis que Lucy a découvert la première dans son Abyssinie natale. Le *Dictionnaire de l'Académie* (Édition romantique, 1836) l'affirme : « Les femmes ont beaucoup de penchant à la superstition. »

En fait, la religion paysanne ou païenne (ce qui est tout comme, l'étymologie étant la même), qui admet le bien-fondé des superstitions, durera autant que l'homme, même importée dans les villes. Le troisième millénaire, ni les autres à venir, n'y fera rien. Il suffit pour s'en convaincre de constater que, quelque progrès que les sciences aient inventé, la divination des avenirs personnels (les superstitions, comme l'astrologie, la cartomancie et la chiromancie, en font partie) continue d'être pratiquée, de manière aussi intensive que dans les temps passés ; cela, grâce à un accord que l'on devine (sans trop savoir ce qu'il est) entre le corps, l'esprit et les hasards de la vie, et qui échappe encore aux méthodes d'investigation les plus perfectionnées.

Ma grand-mère, donc, venait de se brouiller avec une de ses cousines, parce que cette gourde avait célébré la bonne santé de son petit-fils préféré, sans avoir ajouté, dans l'instant, « Que Dieu le bénisse ! ». En Corse (sur les bords de la Méditerranée, en général), c'est automatique, on ne constate jamais la bonne santé d'une personne sans ajouter « Que Dieu le/la bénisse ! », à moins de souhaiter sa mort rapide. Toute Corsoise sait cela depuis sa naissance. C'était là que le bât avait blessé ma grand-mère.

Personne n'avait pu la convaincre que sa cousine n'était pas *una stregha* (en corse, une sorcière) et qu'elle avait plus agi par étourderie que par volonté de nuire à son petit-fils. Treize jours plus tard, comme pour la conforter dans sa certitude, celui-ci (mon plus jeune frère) avait été victime d'une péritonite dont il faillit mourir.

LA CLEF DES CHIFFRES

En ce temps-là, comme je jouais encore « les esprits forts » (la locution est de Napoléon, ou plus exactement de Bonaparte, on va le voir), j'attribuai cause et effet à une coïncidence mal perçue par une vieille dame qui avait pris ses manières de raisonner dans un XIXe siècle paysan et insulaire, primitif pour tout dire.

Nombre de grands hommes et autres célébrités ont été, sont (dans le secret), superstitieux : Grégoire de Tours raconte que Clovis, sur le point de combattre Alaric, le roi des Wisigoths, envoya des messagers à la basilique de Saint-Martin de Tours : « Vous trouverez, peut-être, dans ce temple quelque présage de la victoire » – ce qui advint : Clovis défit Alaric.

Chopin, catholique et pratiquant, redoutait le 7 jusqu'à l'angoisse. Le sept est le chiffre magique : il gouverne le monde et la chance, bonne ou mauvaise. Il y a, il y a eu, sept planètes, sept couleurs dans l'arc-en-ciel, sept plaies d'Égypte, sept jours de la semaine, sept merveilles du monde, sept anges et sept sceaux de l'Apocalypse, sept notes dans la gamme, etc. ; ces séries en constituent quelques preuves. Pour ne pas se noyer, un Islandais laisse mourir sept vagues à ses pieds avant de plonger dans la mer, la première fois de la journée.

Le 13 portait bonheur au cœur et à la bourse de Prosper Mérimée, l'auteur de *Carmen*. On verra plus loin les pouvoirs de ce nombre maléfique ou bénéfique, selon les pays.

Le 3, funeste à Georges Bizet (le compositeur de *Carmen*), est plutôt signe de réussite, bien qu'il ne passe pas pour donner de la chance. On connaît la superstition qui conseille de ne pas allumer trois cigarettes à la même flamme, sous peine de causer la mort, dans l'année, du plus jeune des fumeurs. Tirant son origine de la mésaventure arrivée à trois soldats anglais au cours de la guerre des Boers, elle associe les trois temps du tir au fusil – épauler, viser, tirer – au caractère maléfique de la série « Jamais deux sans trois ».

Zola a vécu dans un délire obsessionnel des chiffres : jusqu'à l'affaire Dreyfus, les multiples de 3 lui furent favorables ; ensuite, il se rabattit sur le 5 puis le 9.

Schubert ne supportait pas le vert qu'il appelait « la couleur méchante ». Les comédiens redoutent aussi cette couleur pourtant « pimpante comme une matinée de printemps » (Balzac). Ainsi Pierre Dux, comédien et administrateur de la Comédie-Française, réputé pour son talent, sa sagesse et son courage (il avait pris de nombreux risques pendant la Résistance), avait-il une hantise panique du vert. Un soir, il refusa d'entrer en scène parce qu'un objet de couleur verte se trouvait dans le décor de la pièce qu'il s'apprêtait à jouer.

De Gaulle, persuadé qu'il ne pouvait rien lui arriver de grave parce que, affirmait-il, il avait la *baraka*, est mort en tentant une réussite.

Pour devenir à coup sûr Napoléon Ier, Bonaparte n'hésita pas à ajourner au lendemain (un samedi) le coup d'État devant le porter au pouvoir, parce qu'il avait été fixé un vendredi par ses partisans. Il déclara à ceux qui raillèrent sa crainte superstitieuse du vendredi qui risquait de faire rater le complot : « Je déteste les esprits forts. Il n'y a que les sots pour défier l'inconnu. » Reporté au (samedi) 18 brumaire, le coup d'État fut le succès que l'on sait.

Le futur empereur des Français aurait dû dire « défier le connu ». Depuis son enfance, il savait que le vendredi est un jour néfaste, même s'il tire son nom de celui de la déesse de l'Amour : *Veneris dies* (en latin, le jour de Vénus). Sa mère lui avait appris qu'il ne faut rien entreprendre d'important ce jour-là ; le Christ étant mort un vendredi, on ne peut rien en attendre de bon. Si génial qu'on soit, on ne discute pas ce genre d'évidence.

LE VENDREDI NOIR

Depuis ce vendredi de passion, les vendredis portent malheur (aucune couturière n'ignore qu'une chemise de nuit confectionnée ce jour-là attire les poux), sauf s'il s'agit d'un vendredi 13, le seul vendredi à porter bonheur. Explication : le vendredi étant néfaste et le 13 aussi, le vendredi 13 porte bonheur ; tout simplement, parce que « moins par moins donne plus » en algèbre, ou, par analogie (pour les personnes fermées aux mathématiques), « les ennemis de nos ennemis sont nos amis ». C.Q.F.D.

Des historiens ont retrouvé une lettre adressée à Louis XIV par Colbert, dans laquelle ce dernier l'avertissait qu'un équipage relâchant à Toulon, du mousse au commandant, avait refusé de reprendre la mer ce jour-là.

Pour conjurer cette croyance défiant la raison mais commune à tous les marins du monde, un Lord de l'Amirauté (le ministre de la Marine en Grande-Bretagne) fit construire en Angleterre une goélette qu'il fit baptiser *Friday* (vendredi, en anglais) – exprès, on s'en doute. Quand elle fut achevée, témoignant d'un bel entêtement, il en confia le commandement à un capitaine du nom de *Friday*. Après que ce dernier fut parvenu enfin à recruter un équipage qu'il dut payer son poids d'or, la *Friday* prit la mer, un vendredi. Elle coula, à peine sortie du port.

De plus néfaste que les vendredis ordinaires, on peut l'imaginer sans peine si l'on demeure dans l'optique chrétienne, il y a le vendredi saint – celui qui précède immédiatement Pâques. Ce jour-là, le pire est toujours sûr : tout ce qu'on tente rate, c'est inéluctable. Pourtant, l'expérience montre, un peu partout en France et depuis le début du XIXe siècle, que si un jeune garçon porte ses premiers pantalons longs un vendredi saint, il sera heureux en ménage, toute sa vie.

UN ZESTE DE CROYANCE

Mes enquêtes dans la France profonde, paysanne, ouvrière, bourgeoise, savante, artistique, financière, et scientifique (beaucoup de gens), m'ont apporté la preuve que les superstitions ne touchent pas que les personnes mystico-naïves ou ayant été élevées à l'ancienne.

Les superstitions les plus courantes (c'est-à-dire pratiquées, à peine modifiées, dans le monde entier ou presque) sont admises comme vérités d'évidence ou de compromis, à tous les âges, dans tous les milieux, à tous les niveaux de savoir et de culture. Jean Duvignaud, un des maîtres de la sociologie moderne, avoue, en Vendéen averti : « Je ne passe jamais sous une échelle. Jamais, je n'entreprends d'activité nouvelle un 13 du mois. Je touche du bois – le bois de ma pipe – lorsque, en voiture ou en avion, j'imagine l'éventualité d'un accident. Comme je fume de moins en moins, cette pipe est devenue un gri-gri. »

Parvenu au bout de trois ans à la lettre Z, comme zeste (le zeste est le nom que porte la membrane séparant les deux parties d'une noix ; réduit en poudre et mélangé à du vin blanc, le zeste passe pour être souverain contre les maux d'entrailles), j'avais collecté et recoupé un millier de ces croyances que le Moyen Âge appelait des sorceries.

Le *Dictionnaire des superstitions et des croyances* paru, puis réédité beaucoup augmenté, j'ai continué à recueillir des superstitions que des lecteurs m'ont adressées d'un peu partout, de Russie, voire du Japon, et à retrouver leur histoire et leur raison d'être.

Avec le temps et sans l'avoir désiré, je suis devenu, selon la formule de Georges Perec, « un spécialiste de la spécialité ». Mes voisins me consultent à propos des belettes qui traversent les routes en débouchant à leur gauche, des pots de peinture qui risquent de leur tomber dessus lorsqu'ils passent sous une échelle, des vendredis 13 qui peuvent se répéter jusqu'à trois fois dans le cours de la même année, ou des maniaques qui se lavent les pieds à la pleine lune. Il m'est possible de répondre à presque toutes leurs questions. Ainsi, lorsque croyant me coller, l'un d'eux s'enquiert :

– Quelle différence existe-t-il entre une croyance et une superstition ?

Je réponds que, selon la théorie des ensembles que mon fils m'a expliquée, à la sortie de sa première année de cours élémentaire :

– Toutes les superstitions sont des croyances, mais toutes les croyances ne sont pas des superstitions.

Des formes diverses de la magie

*L*E mot « magie » a désigné d'abord une religion, celle des mages perses. Il s'est étendu, ensuite et d'une façon générale, à l'art de produire des phénomènes sortant du cours ordinaire de la nature, par des procédés ignorés du commun. Ce que l'adjectif magique recouvre aujourd'hui, d'une manière assez exacte.

Jusqu'à la découverte des microbes, tout ce qui arrivait de mal aux hommes ne pouvant être dû qu'à des sorts, les maladies se combattaient avec des manigances, plus ou moins magiques, destinées à les conjurer, sinon à les guérir. Certaines de ces conjurations se présentaient souvent sous forme de comptines. Ainsi, pour éliminer une toux insistante, l'abbé Julio (auteur du *Livre des secrets des grands exerciseurs*) admettait-il qu'on pût réciter cette formule :

Saint Jean s'en allant vers la montagne
Rencontre Marie qui lui dit :

Saint Jean, où vas-tu donc ?
Saint Jean lui répond :
Je vais à Dieu !
Dieu, guérissez X… de sa toux.

Ressortissaient plus ou moins aussi à la magie, des placebos et des manipulations de toutes sortes que les guérisseurs, rebouteux, et autres médicastres ont utilisés (utilisent) avec quelque succès.

Il y a quelques années, je me suis cassé un poignet. Quoique fort bien remise, cette fracture m'a fait souffrir durant quelque temps. Un proche, qui venait de se découvrir un pouvoir de magnétiseur, a proposé de me soulager. Il s'est frotté les mains quelques instants. Elles étaient brûlantes lorsqu'il les a appliquées sur mon poignet ; après quoi, la douleur a passé pendant plusieurs heures. Cet homme, apparemment comme les autres, dispose-t-il d'un pouvoir de suggestion, ou ses paumes, frottées l'une contre l'autre, émettent-elles certain rayonnement qui agit sur les douleurs et les calme un moment ? On ne peut que se borner à constater ce genre de fait.

PROPOS HERBEUX

La magie, celle que l'on a qualifiée plus tard de blanche pour la différencier de sa sœur dévoyée, la magie noire, a été inventée, dit-on, par le roi Salomon (celui du Jugement et des mines). Elle avait pour but d'améliorer la condition d'une personne à laquelle on voulait du bien ; en ce sens, elle n'est pas sans accointances avec les superstitions.

Ainsi en allait-il, par exemple, de l'herboristerie qu'on appelle aujourd'hui la phytothérapie (la médecine par les plantes) et qui appartenait tout ensemble à la magie blanche et aux superstitions. C'est Hildegarde de Bingen, par ailleurs sainte et musicienne, qui fut la première, semble-t-il, à avoir entrepris un recensement systématique des plantes médicinales.

De cette « dame du temps jadis » aux doigts verts, nous tenons qu'on ne doit pas cueillir ces plantes (simples, herbes de la Saint-Jean, etc.), n'importe comment et à n'importe quel moment. Une récolte effectuée de manière incorrecte peut se retourner contre la personne à qui l'on souhaite rendre la santé, voire contre celle qui la pratique mal.

Quatre précautions impératives sont à prendre :

☞ il faut être vêtu(e) de blanc ;

☞ ne pas utiliser d'outil – ni de fer ni d'or ; seule la main (droite, à moins d'être gaucher) convient pour détacher une plante comme il le faut ;

☞ ne jamais opérer pendant une éclipse de lune ou au moment de la lune noire (on verra ce qu'est cette phase de la lune) ;

☞ enfin, pour mettre toutes les chances de son côté, la

cueillette doit être précédée d'une manœuvre d'encerclement. Afin de soumettre la plante à sa volonté et de pouvoir s'en servir utilement ensuite, il faut s'en approcher, pas à pas, en décrivant une spirale autour d'elle, jusqu'au moment où l'on n'a plus qu'à s'agenouiller à son pied pour la détacher de sa racine.

LES DEUX MAMELLES DE LA CHANCE

D'autres herbes apportant la santé, la fécondité, la richesse, la chance, la mémoire ou l'oubli, ont été repérées et classées ailleurs que dans le Palatinat, par d'autres herboristes qu'Hildegarde de Bingen

Un des noms donnés en Bretagne à l'herbe (en breton, *lauzaouenne*) a conservé, au pluriel, le sens de remèdes. La plus recherchée des herbes reste celle que les druides nommaient la sélage. On la cueillait à l'aube, les pieds nus, en état de grâce et les cheveux au vent, la main gauche sous l'aisselle (droite) ; les druides la conservaient dans une pièce de lin blanc.

Les Alsaciens honoraient une herbe poussant le long de leurs rivières qu'ils avaient baptisée *vergiss*. Consommée en tisane, elle se montrait un dépuratif puissant de la mémoire, méritant vraiment son nom d'herbe-de-l'oubli.

Les Normands font encore grand cas de l'herbe-de-la-pie, laquelle possède le pouvoir de rompre cordes et ficelles. Comme seule la pie sait où la trouver, ils passaient par elle lorsqu'ils en avaient besoin : ainsi, dès qu'elle avait quitté son nid, en fermaient-ils l'accès avec un peloton de ficelle. Pour pouvoir réintégrer son domicile, la pie se trouvait obligée de se procurer quelques brins de cette herbe magique. Ce qu'elle faisait. Une fois la pie chez elle, les paysans n'avaient plus qu'à se servir et ramasser cette herbe-de-la-pie qu'ils convoitaient.

Quand un promeneur s'est perdu dans une forêt de l'Orléanais, c'est qu'une tige de tourmentine s'est glissée, à son insu, dans l'un de ses souliers. Pour s'orienter, la personne égarée doit, après s'être débarrassée de la tourmentine, trouver une herbe qu'on appelle la parisette. La direction dans laquelle ses graines tombent sur le sol lui indique le chemin à prendre.

Mme Fouquet fit paraître à Dijon, en 1678, un *Recueil de remèdes faciles et domestiques*, dans lequel elle consigna nombre de recettes à base de plantes, notamment celles que l'on qualifiait d'herbes de la Saint-Jean. Elle classa, parmi elles et à tort, la menthe. « Ces douze herbes [au vrai, elles ne sont que sept], réduites en poudre, constituent, affirmait-elle, le meilleur des remèdes contre la rage. » Elles ont pour nom : l'absinthe, l'armoise, la bétoine, la centaurée petite, la mélisse, la menthe, le mille-pertuis, le plantain, le polypode de chêne, la rue, la sauge petite, la verveine.

Pour qu'elles conservent leur pouvoir, prescrivait le chanoine Jean-Baptiste Thiers dans son *Traité des superstitions*, il faut les cueillir au grand matin de la Saint-Jean, à jeun, sans avoir lavé ses mains, sans avoir prié Dieu, ni avoir parlé à personne.

Quoi que certains affirment, la fougère n'est pas une herbe de la Saint-Jean. Depuis le synode de Ferrare, en 1612, sa cueillette nocturne est interdite, parce que la fougère rend invisibles ceux qui s'y livrent.

LES MALÉFICES DE L'AIGUILLETTE

Il y aurait de l'imprudence à ne considérer que le côté joli du mot sorcerie que le Moyen Âge a inventé pour désigner certaines superstitions. Nées des pratiques des sorciers, les sorceries procédaient, en effet, de la magie noire (le versant à l'ombre de la magie) qui a elle-même engendré la sorcellerie, de manière indirecte.

Magie noire et sorcellerie (l'une et l'autre des croyances, pas des superstitions) ont en commun de faire appel aux esprits malfaisants pour effectuer leur besogne mauvaise.

C'est après la naissance de la religion chrétienne et l'invention que celle-ci fit du Diable (nommé aussi le Malin, Satan, Belzébuth, Lucifer, Baphomet, etc.) que la magie blanche a réchauffé, dans son sein candide, ce serpent noir qui manigance avec l'Enfer et son train ; c'est-à-dire, les succubes (les démons femelles qui pervertissent les hommes pendant la nuit), les incubes (les démons mâles, qui abusent des femmes pendant leur sommeil), les sorciers et les sorcières.

Si l'on fait appel à la magie noire, ce n'est pas pour le bien de la personne à laquelle ses pratiques sont destinées. Sans doute n'était-ce pas très honnête de la part d'un serf d'en appeler à elle pour nouer l'aiguillette de son seigneur et propriétaire (en fait, le rendre impuissant) et l'empêcher ainsi d'exercer son droit de cuissage ; mais de quel autre moyen, cet homme du petit peuple, sans droit ni pouvoir, disposait-il pour protéger la vertu de sa femme, la virginité de sa fille ?

Voici la recette que le *Grand Albert* donne pour nouer une aiguillette : « Ayez la verge d'un loup nouvellement tué et, étant proche de la porte de celui que vous voudrez nouer, vous l'appellerez par son propre nom et, aussitôt qu'il aura répondu, vous lierez ladite verge de loup avec un lacet de fil blanc. Il sera rendu si impuissant à l'acte de Vénus qu'il ne le serait pas davantage s'il était châtré. »

Les gens du Nord utilisaient un procédé plus simple. Ils serraient autant qu'ils le pouvaient un nœud simple fait avec un lacet de cuir, au moment de la bénédiction des anneaux intervenant pendant la messe de mariage de celui dont ils voulaient nouer l'aiguillette, tout en disant à voix basse :

Hobi, Ribal, Varnabi.

Une fiancée peut empêcher une rivale de rendre impuissant son futur mari. Il lui suffit, avant de se rendre à l'église où son mariage va être célébré, de passer à l'envers le bas de sa jambe droite, puis, l'ayant tiré, de le maintenir avec une jarretière dans laquelle elle aura enfermé une pièce d'argent, sept jours avant la cérémonie.

JE TE PLUMERAI LE CŒUR

Entrent aussi dans les croyances bénéfiques, par paradoxe, celles qui ne font pas du bien à des gens qu'on ne porte pas dans son cœur. Le premier homme venu, sans perversité particulière, conviendra qu'il n'est pas désagréable de pouvoir maudire une personne vous ayant causé du tort ; la sorcellerie a mis au point, pour ce cas de figure, quelques maudissons efficaces et faciles d'emploi.

Ainsi, grâce à deux d'entre elles, est-il possible à une personne victime de la malveillance d'autrui de se venger. Toutefois, si elle était en fait une fausse victime, assez imprudente pour tricher dans cette occurrence, elle verrait les maléfices de ces recettes se retourner contre elle à la puissance sept.

La première recette consiste à planter treize épingles (les plus efficaces sont en bronze) dans une statuette de cire ou une poupée en chiffons, simulacre de la personne (une photo en pied peut en tenir lieu) dont on est la victime, afin que le remords la torture au point qu'elle vienne d'elle-même demander pardon et, mieux, dédommager celle à qui elle a causé du tort. Pour mener à bien cette opération, il convient de répartir les épingles ainsi : une, dans le crâne ; une, dans chaque oreille ; une, dans chacun des yeux ; une, dans la bouche ; deux, entre les côtes, à gauche et à droite du thorax ; une, dans chaque main ; une, dans le sexe ; enfin une, dans chaque plante de pieds. Pendant ces opérations, il convient de formuler à chaque fois : « X (dire le nom de la personne), je te perce le cerveau (les oreilles, les yeux, etc.) pour que tu te souviennes de moi, Y (dire son propre nom), jusqu'au Jugement dernier. » On aura compris que la chanson *Alouette, je te plumerai* n'est ni plus ni moins qu'une ancienne incantation maléfique, droit sortie de la magie noire, et non pas une scie folklorique pseudo-naïve.

La seconde recette recommande de graver le nom de la personne vous ayant causé du tort sur une feuille de plomb oxydé (le plus vil des métaux est associé, sur le plan symbolique, à la planète Saturne et aux dieux de l'enfer) avant de la clouer dans un endroit secret de sa maison. Cette pratique, qui peut empêcher la dite personne de parler ou de retrouver ses arguments dans un procès, date de la Grèce ancienne. Elle vaut aussi bien pour quelqu'un vous cherchant une mauvaise querelle, que pour un « homme de loi » ou un simple quidam qui veut faire de vous la victime d'une affaire n'ayant d'autre raison que de vous nuire.

Si l'on a été volé, on peut maudire le voleur de la même manière mais juste pour retrouver son bien, pas le voleur qu'on laisse courir, en souhaitant, si l'on y tient, qu'il se fasse prendre ailleurs. Il n'est pas nécessaire de connaître le nom du voleur, il suffit, pour que la recette fonctionne, de graver le mot « voleur » sur la feuille de plomb.

Si l'on est sûr d'être trompé par la personne qu'on aime, c'est-à-dire que l'on en possède vraiment les preuves, on peut maudire de la même façon le (la) rival(e), qui souffrira, alors, des mille morts de la jalousie – la vraie vengeance est là.

On peut aussi maudire un numéro (de loto, de roulette, etc.) ou un cheval pour qu'ils ne gagnent pas.

C'est pratiquer la magie noire de prendre une photo d'une personne sans son autorisation. Car cette façon de jouer les paparazzi revient à dérober l'âme de cette personne pour le compte du Diable ; cette action mauvaise peut attirer nombre de malheurs (procès, horions, malédictions diverses) au voleur d'image qui n'aura pas volé ces sanctions.

Sorciers et sorcières

De la magie noire à la sorcellerie, il n'y a qu'un pas, vite franchi à cheval sur un balai. Ce à quoi se livrèrent les sorciers (les femmes sont venues plus tard à la sorcellerie) qui produisirent nombre de prodiges lesquels firent leur réputation, déjà du temps de la Haute Égypte, et chez les Juifs, avant la rédaction du Deutéronome. Malgré son interdiction par Moïse qui passe pour être l'auteur de ce livre, la sorcellerie fut cultivée en secret comme une science par quelques Juifs.

Divinations, envoûtements, confection de philtres et de talismans, maudissons, évocation des morts, prodiges, transformation d'hommes et de femmes en animaux (la légende des loups-garous a perduré jusqu'au Moyen Âge en France) étaient pratiqués par les sorciers œuvrant dans l'Est méditerranéen.

Quatre cents ans avant Jésus-Christ, Platon préconisait déjà d'enfermer les sorciers en prison ; puis, après leur mort, de jeter leurs cadavres hors de la Cité. Il faisait grâce, en revanche, aux daïmons.

Si l'on en croit les hellénistes, les daïmons étaient des esprits d'origine divine qui administraient le destin (heureux ou malheureux) des hommes. À ce titre, ils jouaient les intercesseurs entre les dieux et les mortels. Chers à Socrate, sans qu'on n'ait jamais su la nature de celui avec lequel il s'entretenait en particulier avec régularité, les daïmons étaient, somme toute, des messagers, chargés de traduire et d'interpréter, pour les mortels, les signes que les dieux leur envoyaient. Sans le recours à « ces génies attachés à chaque homme ou à une cité », le ciel restait muet.

De distorsions en glissements de sens, les daïmons sont devenus des démons, des anges déchus. Après avoir décrété qu'il fallait les redouter, la religion chrétienne les a mis au singulier pour désigner le Diable d'un autre nom que le sien. À ce Démon, elle a donné le titre de Prince des Ténèbres.

Rome [1], où « tout était dieux excepté Dieu lui-même » (Bossuet, *Discours sur l'histoire universelle*), a cru aussi aux pouvoirs occultes des magiciens et des sorciers. Ses conquêtes coloniales, aux Proche et Moyen-Orient, ne sont sans doute pas étrangères à ces croyances. Les sorciers

---

1. Une superstition romaine est devenue figure de rhétorique : l'euphémisme, qui permet de remplacer un mot (de mauvais augure) par une locution anodine qui en dit autant. Ainsi les Romains disaient-ils de quelqu'un « il a vécu » pour éviter « il est mort ».

SORCIERS ET SORCIÈRES

étaient à ce point nombreux à Rome où on leur donnait, comme aux astrologues, le nom de « mathématiciens », ils s'y livraient à de telles pratiques, que Tacite les a classés parmi les fléaux les plus redoutables que l'Empire romain ait connus. Malgré les lois qui les frappaient de peines fort sévères (l'exil et la mort, le plus souvent), ils réapparaissaient, toujours plus nombreux. Comme, plus tard dans l'Europe du Moyen Âge, ils semblaient se multiplier d'autant plus qu'ils étaient persécutés.

D'après Suétone *(Vies des douze Césars)*, c'est le philtre d'une sorcière qui rendit fou Caligula. Les sorcières officiaient de préférence sur l'une des sept collines de Rome, le mont Esquilin. On y enterrait les pauvres, avant qu'il devienne un quartier aristocratique où Mécène fit bâtir sa villa et Trajan les Thermes auxquels il donna son nom.

Les sorcières s'y rendaient à la nuit tombée, vêtues d'une tunique noire troussée haut, les pieds nus, les cheveux dénoués. Les curieux pouvaient les voir officier dans la lumière froide de la lune : les unes ramassaient les ossements qu'elles venaient de déterrer de leurs ongles crochus pour en faire des amulettes maléfiques, les autres déchiquetaient le ventre d'une brebis noire à belles dents pour invoquer les mânes qu'elles allaient interroger ; d'autres, enfin, cueillaient, avec des grâces coupables, les herbes avec lesquelles elles allaient confectionner des philtres.

CABALER, IL EN RESTERA TOUJOURS QUELQUE CHOSE

Sans négliger l'influence du christianisme ainsi que celle de la magie arabe, il semble que les premières liaisons dangereuses de la magie avec le Diable soient nées du judaïsme, au temps de la Cabale, un siècle environ avant J.-C.

C'est au début du haut Moyen Âge que la sorcellerie devint vraiment le domaine de Satan, en Europe, sans que ses pratiques aient changé de manière sensible. Il fallut passer un pacte avec lui pour devenir sorcier (ou sorcière) et se voir attribuer un pouvoir magique, du fait seul de ce pacte signé de son propre sang. En échange de ces pouvoirs extraordinaires (au sens strict) dépassant ceux du plus puissant des rois, ces créatures diaboliques devaient renoncer au bénéfice du baptême, s'adonner à mille pratiques sacrilèges, et, à leur trépas, livrer leur âme aux flammes de l'Enfer, pour l'éternité.

À partir de ce moment, le Diable devenait leur esclave, jusqu'à la fin de leur vie terrestre. Ainsi se laissait-il enfermer dans une fiole, un coffre, ou un anneau, voire un animal, pour se trouver à leur service, en tous lieux à tout instant, comme le génie d'Aladin, lorsque celui-ci frottait sa lampe.

Clément d'Alexandrie écrit à ce propos : « Les sorciers se font gloire d'avoir le démon pour ministre de leur impiété et de le réduire à la nécessité de les servir par leurs évocations. » Au vrai, en se mettant au service de ses suppôts d'une manière si ostensiblement soumise, il installait sa puissance auprès du public qu'il voulait conquérir.

Seul parmi les sorciers, Merlin a été qualifié d'Enchanteur. Doté des mêmes pouvoirs qu'eux, il n'est cependant pas considéré comme une créature du Malin parce qu'il est capable de faire le bien comme le mal, selon son seul plaisir. Cet être intermédiaire entre le magicien inspiré des temps antiques et les sorciers des démonologues est né en Bretagne, au moment d'une résurrection, inattendue et brève, du culte druidique qui s'y produisit au ve siècle. Merlin l'Enchanteur donc, sorcier unique en son genre, est resté aussi populaire en Angleterre qu'en Bretagne.

Les jeunes Bretonnes qui le consolent d'avoir perdu sa baguette magique, agenouillées auprès du buisson dans lequel la fée Viviane l'a enfermé autrefois, peuvent se retrouver enceintes, sans l'avoir désiré et sans avoir perdu leur virginité.

En Europe, les sorcières furent, de beaucoup, plus nombreuses que les sorciers. D'après Jean Bodin, un des bons spécialistes du Diable et de ses créatures, on trouvait tout juste un sorcier pour cinquante sorcières, dès la fin du xviie siècle.

De même que Paul Valéry avait forgé le mot « emmerderesse » qu'il préférait à emmerdeuse, les poètes du xiie siècle ont inventé « sorceresse » pour désigner une séductrice. Sorceresse possède, en effet, un côté charmant (au sens strict), ensorcelant, que Guillemette Babin, au « destin exécrable », une belle et sensuelle jeune femme sauvée de l'oubli par l'ouvrage que Maurice Garçon lui a consacré, a dû mériter avant que le Moyen Âge ne l'ait brûlée sur un bûcher, comme tant d'autres créatures attribuées au Diable.

LES BACCHANALES DU SABBAT

Si peu versés qu'ils soient en sorcellerie, rares sont ceux qui ignorent ce qu'était un sabbat. C'est pour tourner en dérision les Juifs que certains chrétiens ont donné, au Moyen Âge, le nom d'une de leur fête à une cérémonie païenne. Cette célébration liée au culte de la lune qui avait surgi au début du XIIe siècle se déroulait dans une ambiance fort décolletée du bas.

On comptait quatre grands sabbats par an. Le plus important se tenait sur le Blocksberg dans la nuit du 30 avril au 1er mai, jour fêtant sainte Walpurgis, une pucelle du Sussex qui devint abbesse du monastère double d'Heidenheim en Allemagne. De ses reliques transportées à Eichstätt, après sa mort en 779, s'écoulait un liquide salutaire contre tous les maux.

Certains occultistes affirment que le sabbat continue d'être célébré. C'est pourquoi, si quelqu'un n'est jamais libre la première nuit des phases lunaires, ils en déduisent, un peu vite peut-être, que cette personne est un sorcier ou une sorcière.

En s'accordant aux phases de croissance, puis de décroissance de la lune, qui sont au nombre de quatre, cette fête lunaire s'était multipliée peu à peu ; en sorte qu'elle avait fini par coïncider avec le repos du septième jour que les Juifs consacrent au culte divin.

Ainsi est né le sabbat que Carlo Ginzburg (*Le Sabbat des sorcières*, Gallimard) a décrit et pour lequel sorciers et sorcières « se rassemblaient la nuit, généralement dans des lieux solitaires, dans les champs ou sur les montagnes. Ils arrivaient parfois en volant, après s'être enduit le corps d'onguents, à cheval sur des bâtons ou sur des manches à balai, parfois au contraire sur le dos d'un animal, ou transformés eux-mêmes en animaux. Ceux qui venaient aux rassemblements pour la première fois devaient renoncer à la foi chrétienne, profaner les sacrements et rendre hommage au Diable, qui était là sous la forme animale ou semi-animale.

Suivaient des banquets, ainsi que des danses et des orgies sexuelles. Avant de retourner chez eux, les sorciers et les sorcières recevaient des onguents maléfiques, à base de graisse d'enfant et d'autres ingrédients. »

On le voit, tout était réuni dans les récits pour choquer, puis inquiéter, les cochons de croyants.

En fait, le sabbat était devenu une espèce de bal du samedi soir après une semaine de labeurs d'esclave : une fête déboutonnée certes, mais qui compensait, dans ses excès mêmes, les malheurs, les désespoirs et le dénuement dans lesquels vivaient ceux qui s'y rendaient. Ils venaient s'y défouler et oublier leurs jours sans trop de pain ni joie, et leurs autres nuits sans kermesse.

HAPPENINGS SABBATIQUES

Il paraît évident aujourd'hui que le sabbat n'était pas qu'une cérémonie orgiaque. C'était, sans doute aussi, une métaphore politique – une des raisons les plus sûres pour lesquelles il fut condamné avec une rigueur égale, par l'autel et le trône, associés pour leur plus grand bénéfice.

En s'adonnant apparemment à l'adoration du Diable jusqu'à l'hystérie, les femmes oubliaient peut-être un dieu qui ne leur apportait que misère et souffrance, alors qu'il donnait tant à d'autres : richesse, pouvoir et bonheur. On peut penser que ce reniement de Dieu était une manière de le punir, une protestation, plus qu'un acte de foi dans le démon.

Tous les hommes ne voyaient sans doute pas minuit à la même horloge dans ces sabbats. Nombre d'entre eux se trouvaient là pour le plaisir des corps, sans doute. Cependant, quelques-uns (le petit nombre qui fait les révolutions, le *unhappy few* ?) s'y donnaient rendez-vous entre affamés par les exactions seigneuriales et rendus fous de rage par les inégalités. Plus que des croupes de sorcières en attente du plaisir, c'était des désirs de vengeance qu'ils venaient chevaucher dans ces rites dérisoires aux remugles de sueur et d'aigreurs. C'est au cours de ces nuits que nombre de paysans prirent, peut-être, conscience de la misère absolue dans laquelle le système féodal les condamnait à mourir.

Qualifiés de démoniaques pour mieux les condamner, les sabbats engendrèrent des jacqueries et autres révoltes de croquants qui préludèrent à la Révolution de 1789. Trop peu d'historiens (si ce n'est Voltaire, d'une manière indirecte, et Michelet qui l'a donné à entendre dans *La Sorcière*) ont mis en avant le caractère politico-économique de ces bouillons d'inculture campagnarde, cuisinés dans les chaudrons noirs de la sorcellerie. Pour n'avoir pas été le composant déterminant de ces meetings-partouzes sans doute, ce caractère subversif entra pour un peu plus que rien dans leur succès populaire et les conséquences historiques des sabbats.

COLBERT LE MAGNIFIQUE

Si quelques hommes ont pu considérer les sabbats comme des lieux de rassemblement contre l'oppression d'un système, la presque totalité des femmes s'y rendait par goût du merveilleux, s'il faut en croire ces mêmes historiens français. La preuve de ce tropisme se trouvant, d'après eux, dans le rôle que les sorcières ont tenu, des années les plus noires du Moyen Âge jusqu'à la parution d'un édit de Colbert qui constitue la dernière loi traitant de la sorcellerie en France.

Il était temps. C'est à la « raison naissante qu'on dut la déclaration du roi de 1672, qui défendit aux tribunaux d'admettre les simples accusations de sorcellerie […]. Une centaine d'années avant, Catherine de Médicis avait mis la magie si fort à la mode en France, qu'un prêtre nommé Séchelles, qui fut brûlé en Grève sous Henri III pour sorcellerie, accusa douze cents personnes de ce prétendu crime. » (Voltaire, *Le Siècle de Louis XIV.*)

Ailleurs, on a continué de chasser les sorcières pendant de longues années encore. En Italie, en Allemagne, en Grande-Bretagne, un peu partout en Europe, leurs supplices se prolongèrent jusqu'à la presque fin du XVIIIe siècle.

En Amérique du Nord, devenue les États-Unis, en 1783, « on immola des enfants de dix ans pour accusation de sorcellerie dans la Nouvelle-Angleterre ; on dépouilla de jeunes filles ; on chercha sur tout leur corps, avec une impudente curiosité, des marques de sorcellerie » (Raynal, *Histoire philosophique*) – en 1872, un peu moins de deux siècles après la mise à mort des trois sorcières de Salem, une vieille Indienne du Nevada, accusée de sorcellerie, échappa de justesse au bûcher. Elle fut lapidée.

LES SEPT PILIERS DE LA DIABLESSE

Sorciers et sorcières disposaient de sept maléfices qu'ils mettaient en œuvre à leur seule convenance, sans rendre de compte à quiconque ; ni à Dieu ni au Diable :

☞ l'envoûtement qui permet de verser des passions impures, comme l'envie, la haine et la jalousie, dans le cœur des personnes les plus innocentes ;

☞ le pouvoir de nouer l'aiguillette d'un homme ;

☞ la confection de philtres d'amour, préparés de préférence à la lune montante dans la nuit d'un vendredi (le jour de Vénus, on le sait) – ces philtres se composaient de plantes vénéneuses et aphrodisiaques (les mêmes souvent), de limaille de métaux enchaînant de manière irrésistible aux plaisirs de la chair, de poudre de minéraux magnétiques capables d'embobeliner les âmes les plus rebelles, ainsi que de toutes liqueurs liées à l'accouplement et à la bestialité ;

☞ la confection d'onguents destinés à nuire à celui qui en serait oint – ces onguents mélangeaient de la poudre d'os prélevés sur les sept animaux qui sont au Diable (chat, chauve-souris, chouette, crapaud, loup, serpent, et sphinx), de la graisse d'enfant, ainsi que des intraits et extraits de plantes malfaisantes, voire mortelles ;

☞ le maniement des plantes médicinales, c'est-à-dire la manière de les cueillir et de s'en rendre maître, ainsi que l'usage qu'il faut en faire pour nuire à une personne ou à un animal ;

☞ la possibilité de se métamorphoser à volonté en toute personne que l'on souhaite incarner, de même qu'en animal, notamment en loup-garou. Hommes le jour, bêtes la nuit, les loups-garous se tiennent le plus souvent près des fontaines dans lesquelles ils se plongent la nuit pour opérer leur transformation (parenthèse : est un menteur fieffé celui qui prétend avoir rencontré un loup-garou dans la journée, car ce dernier reprend sa forme humaine avec le lever du soleil. Si l'on raccompagne une femme jusqu'à sa porte la nuit venue, c'est pour la protéger des loups-garous qui peuvent rôder) ;

☞ la confection de talismans ; destinés à infléchir le cours de l'existence de ceux qui les portent, les talismans assurent « un empire à leur possesseur » – ce qui arriva à Charlemagne qui en reçut un du sultan Haroun Al Rachid.

Une sorcière peut tout ensorceler : les forêts, le vent, la mer, le temps ; les objets et les fruits ; les êtres vivants, les hommes aussi, sauf quelques-uns qui ne s'en vantent pas.

Le miroir magique (ensorcelé, en fait) consulté par la marâtre de Blanche-Neige constitue une reprise romanesque de celui utilisé par Catherine de Médicis. La reine, sous la coupe de son astrologue, Cosimo Ruggieri, lui-même fort superstitieux, y regardait défiler en images l'avenir des personnes auxquelles elle s'intéressait, pour leur bien quelquefois.

Des croyances magiques

Participent de la magie normale, blanche, les pouvoirs attribués aux astres : le soleil, la lune, ainsi que les comètes. Il en va de même des phénomènes naturels venus du ciel comme les arcs-en-ciel, le crépuscule, la nuit, la foudre et les éclairs ; de l'eau, qu'il s'agisse de la mer, des fontaines, des lacs et des étangs ; des images prémonitoires, tels les présages et les rêves ; les fétiches, enfin.

LE SOLEIL

Le pouvoir du soleil est bénéfique pour ceux nés à l'heure exacte où il s'est levé le jour de leur naissance ; ils restent sous sa protection tutélaire jusqu'à la fin de leur vie terrestre.

Depuis La Rochefoucauld, on sait que « comme la mort », le soleil ne se regarde pas en face. Tous les paysans du monde ont remarqué cependant qu'il peut annoncer le temps qu'il va faire, si on sait l'observer :

Soleil rouge au levant : signe de mauvais temps ;
Ciel rouge au couchant annonce pluie et vent ;
Le soleil est blanc, beau temps ;
Blanc le soir, rouge le matin,
Le soleil fera tourner le moulin ;
Rouge au soir, blanc le matin,
Fait la joie du pèlerin.
S'il est gros ou petit, au-dessus de l'horizon :
Grand soleil, petit vent ; petit soleil, grand vent.

LA LUNE

Il n'est pas particulièrement bénéfique de naître sous son signe, car elle passe par cinq états successifs : chaud et humide durant son premier quartier ; chaud et sec jusque dans sa plénitude ; avec le troisième, elle devient froide, à mesure qu'elle décroît ; dans son quatrième quartier, elle reste froide, jusqu'à ce que le soleil la réchauffe – c'est dans cet état qu'elle corrompt ce qui est humide ; après quoi, mourant trois nuits (comme le Christ), elle devient invisible. Ce cinquième état, le moins connu, porte le nom de lune noire.

Paradoxe, la lune, qui ne vit que la nuit, régente la vie sur terre par le biais du temps. Ses périodes ont donné naissance aux quatre semaines de sept jours composant les 28 (1 + 2 + 3 + 4 + 5 + 6 + 7 = 28) jours du mois lunaire.

DES CROYANCES MAGIQUES 49

Les astrologues ont su très tôt que les taches que l'on voit sur la lune sont des petits lapins.

Une comptine le confirme :

J'ai vu dans la lune
Trois petits lapins
Qui mangeaient des prunes
En buvant du vin,
Tout plein.

Comme ces petits lapins, elle dort le jour ; comme eux aussi, elle est féconde, comme les femmes auxquelles elle est associée – notamment par la durée de leur cycle.

Aux 28 jours du cycle lunaire répondent les 28 phalanges de nos mains :

☞ 14 portent bonheur, celles de la main droite, qui bénissent et correspondent à la lune montante ;

☞ 14 gouvernent les mauvais sorts qui pèsent sur nos existences ; ces phalanges de la main gauche (*sinistra*, en latin) représentent la lune décroissante.

L'influence de la lune se résume dans cette loi de toute éternité : « tout ce qui croît au-dessus de la terre doit être semé à la lune montante (croissante) ; tout ce qui vient en dessous, en lune décroissante ».

On ne coupe jamais ses cheveux, ni ses ongles, à la lune décroissante. Pour désamorcer l'influence néfaste des coups de lune, fort dangereux surtout lorsqu'elle se trouve en phase décroissante, on lui renvoie son image au moyen d'un miroir en lui criant d'une voix agressive :

Fille de l'enfer, retourne d'où tu viens !

À cette même période lunaire, on peut jeter un sort à une personne que l'on hait vraiment, en frappant un objet en bronze sur le rythme de sa malédiction. Qui osera affirmer que le rap n'est pas né de ce rituel ?

Quand on veut se mettre à l'abri de l'influence néfaste d'une personne, on la place en quarantaine. Pour cela, on invoque la lune que l'on remerciera de son action quarante jours plus tard. La mise en quarantaine constitue le moyen le plus sûr d'assainir une situation ou de se purifier, c'est pour cette raison que le Christ s'est retiré quarante jours dans le désert.

Dès la première apparition de la lune, il faut, pour que la lunaison qui commence soit favorable, faire le simulacre de cracher dans ses mains qu'on passe ensuite sur ses joues.

Après Pâques ou au début avril, lorsque la lune rousse paraît, elle désespère les paysans et les jardiniers. Celui qui s'éveille au cours de la nuit et l'aperçoit de son lit, risque un accident de la circulation.

Trois dictons caractérisent son action pas vraiment bénéfique :

« Lune rousse, vide la bourse » ;
« Récolte n'est arrivée qu'à lune rousse passée » ;
« L'hiver n'est terminé que si la rousse a passé. »

On peut blanchir son linge en l'étendant dans un pré à la lumière froide de la pleine lune ; certain bottier italien en use de même pour donner une patine irisée, irréalisable d'une autre manière, aux bouts des souliers qu'il confectionne.

Quand la lune est nimbée de brume, tout ou partie, on dit qu'elle boit ; c'est signe de pluie pour le matin à venir.

Mais on dit aussi :

La lune pâle fait la pluie ;
Elle baigne, il faut qu'on l'essuie ;
L'argentine annonce le beau temps
Et la rouge amène le vent.

Avec le dernier des Mohicans une superstition est morte qui prescrivait de tirer, l'une après l'autre, sept flèches empennées de rubans de soie blanche en direction de la lune pendant son éclipse, afin de prévenir les méfaits que ce phénomène apporte.

Pour les Chinois, la lune est le Yin (l'élément féminin) de l'univers, et le soleil, le Yang (l'élément masculin) ; alors qu'en Tartarie, la lune est le mari du Soleil.

LES COMÈTES

Depuis que les astrologues sumériens ont eu l'idée de passer leurs nuits à observer le ciel, on a dénombré 1 109 comètes. Certaines ont apporté le bonheur, d'autres pas. Une comète a annoncé la mort de César, une autre la naissance de Napoléon.

Les éleveurs de vins de Bordeaux savent que, depuis 1811 (confirmation donnée en 1858), le passage de comètes très brillantes annonce des vendanges remarquables.

AUGUSTE LUMIÈRE

Du nord au sud des continents et depuis fort longtemps, les phénomènes naturels, terrifiants ou porteurs d'espérance, ont donné naissance à des croyances magiques ; assez souvent les mêmes, presque partout, malgré les différences de climat, de culture et de religions.

☞ Un arc-en-ciel dans lequel le rouge dominait, le 2 août 1914, ayant annoncé la déclaration de la Grande Guerre, on comprend pourquoi l'apparition d'un arc-en-ciel dans une atmosphère d'orage ne passe pas pour porter chance en Europe.

À l'est du bassin méditerranéen, l'apparition d'un arc-en-ciel annonce la mort prochaine de sept enfants (sept, comme ses couleurs) : c'est sur ce pont jeté par les dieux entre la terre et le royaume des cieux que leurs âmes quittent notre monde. Pour prévenir ce maléfice, on crache dans la paume de sa main gauche, puis on coupe la tache de salive par le milieu avec l'index de sa main droite, en murmurant : « Arc-en-ciel, du ciel à la terre, je te coupe ! »

Il en va tout autrement dans l'Orient extrême : le jour où Bouddha redescendra sur terre, il empruntera un arc-en-ciel ; de même, un guerrier japonais guette-t-il son apparition, car il sait que s'il parvient à passer sous cette arche de lumière, il connaîtra le triomphe dans tous ses combats.

☞ Le crépuscule du soir n'annonce pas que la fin du jour, c'est un moment de mort. À New York, quand arrive cette « heure bleue », les tentatives de suicide se multiplient de manière exponentielle. En France, à la campagne, on suspend son activité lorsqu'on entend sonner l'angélus.

Il en va tout autrement du crépuscule du matin que l'on appelle l'aurore ou l'aube. Il marque, avec le chant du coq, la fin des sortilèges de la nuit qui est au Diable, comme la lumière est à Dieu. C'est pour cette raison qu'un coq se tient au sommet des églises.

☞ Comme les esprits malfaisants vivent la nuit, il faut se méfier d'elle. Les enfants le savent, dès leur naissance. Voilà pourquoi, ils redoutent que des ogresses et des loups viennent les dévorer tout cru, dès la nuit venue ; comme ils craignent les chauves-souris qui les emportent, en les prenant par les cheveux, à travers les airs dans les cavernes où elles habitent, pour y sucer leur sang.

Les personnes averties, tout comme les poètes et les amoureux, ne redoutent pas la nuit car elles connaissent au moins deux moyens efficaces de lutter contre « les esprits et les bêtes de la nuit » : le signe de croix (toujours efficace) et la lumière.

ORAGES, Ô TONNERRE ENNEMI

C'est parce que le Diable a déclaré un jour qu'il se servirait du tonnerre pour détruire le monde, que la Vierge Marie a inventé l'éclair qui, l'annonçant par sa lumière, donne aux personnes surprises par l'orage le temps de se signer pour conjurer ses effets dévastateurs.

Au premier signe annonçant un orage, on s'adresse avec succès à saint Donat, en ces termes :

Grand saint Donat,
Priez pour moi

Que l'orage ne tombe pas sur moi
Ni sur mes parents, ni sur mes amis
Qu'il tombe dans l'eau
Là où il n'y a pas de bateau.

Lorsqu'on voit un éclair dans le ciel, par-dessus le toit de sa maison, on claque sa langue : l'orage va éclater plus loin.

La foudre ne tombe jamais dans un jardin où l'on a planté de l'ail, des herbes de la Saint-Jean, des oignons et des simples. Quand la foudre ne tombe jamais dans un champ sans qu'y soient plantés les plantes et légumes qu'on vient de dire, un trésor est caché dedans : des truffes.

En se fracassant l'un contre l'autre, les nuages vitrifient certains corps qui tombent sur le sol en même temps que la pluie et qu'on appelle des « pierres de foudre ». Il faut la ramasser et la conserver quand on trouve une de ces pierres venues du ciel, car elle préserve des méfaits des orages. C'est ce que les paysans d'Ille-et-Vilaine affirment encore aujourd'hui :

Sainte Barbe, Sainte Fleur,
À la croix de mon Sauveur,
Quand le tonnerre grondera
Sainte Barbe nous gardera.
Par la vertu de cette pierre
Que je sois gardé du tonnerre.

Pendant un orage, on ferme porte et fenêtres pour que le Diable n'entre pas se mettre à l'abri dans la maison ; on n'utilise pas d'instrument en métal blanc (ciseaux, aiguilles ou autre objet) ; on débranche l'antenne des postes de télévision, si les émissions y arrivent du ciel ; on masque les miroirs pour que les éclairs ne viennent pas s'y refléter.

LES FONTAINES DES ABBÉS, TARIES

Qui se comporte sans respect envers la mer prend le risque de vivre dans une insécurité de tous les instants jusqu'à sa mort. Comme s'il bafouait sa mère ou sa maison.

☞ Outre le vendredi, on l'a vu, trois jours portent malheur aux gens de mer : le jour des Morts (le 2 novembre), le jour de Noël (le 25 décembre) et la Saint-Sylvestre (le 31 décembre). Le marin danois qui brave cette recommandation risque d'être éperonné par le Vaisseau Fantôme, de faire naufrage, ou d'être ensorcelé par une sirène qui l'entraînera pour toujours dans son sillage au sein profond des eaux, jusque dans le palais de cristal où elle habite, comme ses sœurs.

Il convient de préciser que les sirènes des eaux du Nord possèdent le corps d'un poisson, et celles de la Méditerranée, un corps d'oiseau. Quelque forme qu'elles prennent, poisson ou oiseau, les sirènes sont également voraces. Elles emploient les mêmes charmes pour capturer les hommes dont elles raffolent de la chair.

On laisse ouverte la fenêtre de la chambre dans laquelle un marin va mourir, pour que son âme s'en aille avec la marée descendante. Dans le cas où la mer s'est déjà retirée au moment où il meurt, on rouvre la fenêtre à la marée descendante suivante.

☞ Saint Éloi ne s'intéressa pas qu'à la culotte que le roi Dagobert mettait à l'envers. Il fit boucher, combler, assécher les nombreuses fontaines restées objets d'un culte païen, malgré les préceptes de la religion chrétienne. Seules celles proches des églises, chapelles, calvaires, grottes et autres lieux miraculeux, furent épargnées. Pour continuer de vénérer leurs fontaines sans risque d'être excommuniés, les paysans inventèrent de leur présenter des vœux civils de bonne année à chaque premier de l'an, même si leur eau n'était pas potable. Touchées de cette attention, ces fontaines offrirent en retour une eau devenue délicieuse à boire, claire et limpide comme la lumière.

Lorsqu'on fait un vœu, il faut jeter une pièce de métal blanc dans l'eau de la fontaine la plus proche, en même temps qu'on formule à voix basse ce que l'on souhaite. Mais pour que ce vœu ait le plus de chance de se réaliser, la pièce, après s'être posée sur le fond de la fontaine, doit montrer le côté (pile ou face, cela n'a aucune importance) que l'on a choisi avant de la lancer dans l'eau.

Un assoiffé, confessé du jour, qui se désaltère à une fontaine placée sous le patronage d'un saint, boit un peu de sa force d'âme devenue magique pour lui.

Si l'on est perdu dans la campagne bretonne, il faut se détourner des fontaines isolées, surtout si des lavandières de la nuit y rincent et tordent leur linge, au clair de lune. Ces demoiselles cassent le bras des personnes égarées qui leur demandent leur chemin avant de proposer de les aider.

L'eau de la fontaine de Jouvençon (un petit bourg de Saône-et-Loire) entretient la jeunesse de ceux qui viennent y boire, une fois l'an.

☞ Les lacs sont les yeux de la terre au travers desquels les dieux jugent les actions des hommes. Les naïades, les ondines, les nymphes et les lavandières de la nuit règnent sur leurs eaux glacées. Pour ne pas succomber à leurs charmes (et ne pas succomber tout court), il suffit de porter, à son auriculaire droit, un anneau dont le chaton enferme trois gouttes de mercure.

Pour apaiser les colères du lac Léman, les femmes de pêcheurs de Saint-Gingolph jetaient sept silex taillés dans ses eaux.

Lacs et étangs (c'est dans un étang de soufre que Satan périra quand le temps de l'Apocalypse sera venu) sont dangereux, les uns comme les autres, lorsqu'on se promène seul sur leurs bords, la nuit venue – à moins d'invoquer l'ange

Gabriel ; dans ce cas, on susurre au patron des eaux et des filles aux mains froides qui y vivent :

*Gabriel, descends du ciel,
Et m'empêche de tomber en leurs lacs.*

Cela prononcé à mi-voix, on se signe trois fois : deux dans le sens normal, une à l'envers (parenthèse : le lacs – mot singulier qui vient du verbe latin *lacere* – est un piège ; le plus célèbre des pièges reste le lacs d'amour).

LES RÊVERIES DU DORMEUR SOLITAIRE

Si l'on se moque des présages météorologiques que la religion paysanne a inventés, il en va autrement de ceux qui annoncent notre avenir. Nous savons qu'un(e) inconnu(e), qui traverse notre route, peut changer le cours d'une promenade – voire plus, si affinités. Même les plus incrédules ne nient pas que les présages, les rêves aussi, puissent être des clins d'œil du destin.

☞ Le tout est de savoir les interpréter, affirmait Francis Blanche (1919-1974) qui fut surdoué en tout avant de devenir un amuseur.
Francis Blanche croyait à la véridicité des présages. Il en traduisait le sens, assurait-il, mieux que le Sâr Rabindranath Duval, pourtant très coruscant dans ce domaine.

D'un présage qu'il avait eu et qu'il racontait volontiers, il avait tiré une loi irréfragable en même temps qu'immarcescible : « Tout homme, auquel le chiffre sept s'est imposé à plusieurs reprises dans la même journée (par exemple, dans le train de 7 heures, il a occupé la place 77, dans la voiture 7, etc.), doit jouer impérativement le cheval portant le numéro 7 dans la septième course qui se court ce jour-là, dès qu'il est arrivé à destination. C'est un présage indiscutable : le cheval sur lequel il a misé arrivera septième. »

☞ Grâce aux progrès abyssaux opérés par la psychologie des profondeurs, les rêves n'ont rien perdu de leur mystère, ni de leur charme. C'est Artémidore qui a écrit le premier ouvrage connu consacré à leur signification plus superstitieuse (c'est-à-dire plus réaliste) que vraiment psychologique, cinq siècles avant Jésus-Christ. Son maître livre, *Onéirocritica*, est le fruit des croyances magiques d'une époque où l'on estimait déjà que rêver de dent était un présage de mort, mais rêver de mort constituait le signe le plus sûr de longévité, ou encore que faire le même rêve trois nuits de suite apportait la preuve que ce rêve itératif se réaliserait. Mais, tout ensemble dialecticien et commerçant, Artémidore (né à Éphèse, il était grec) s'était arrangé pour que chacun lise ce qu'il était venu chercher dans son livre. Exemple : comme être frappé par la foudre dépouille de ce que l'on possède, rêver de foudre doit être considéré comme un rêve bénéfique pour un pauvre puisqu'il se trouve dépouillé de sa pauvreté ; en revanche, pour un riche qui sera dépouillé de sa fortune, le rêve devient maléfique.

De la même manière, rêver qu'un malheur arrive à son ennemi n'est pas que réjouissant, c'est bénéfique ; ou encore, rêver de malheur quand on est malheureux est bon signe. En fait, moins par moins donnant plus, rien de plus logique que cette justification, déjà rencontrée à propos du caractère bénéfique paradoxal du vendredi 13.

L'oniromancien arabe le plus célèbre est Ibn Sîrîn. Son *Interprétation des rêves* est proche de celle d'Artémidore en ce qu'elle se sert du patrimoine culturel de l'époque. D'après lui, rêver d'araignée est bénéfique. L'explication tient à ce que l'une d'elles a sauvé Mahomet en tissant une toile à l'entrée de la grotte dans laquelle le Prophète venait de se réfugier. Cette toile, fermant la grotte, fit croire à ses poursuivants que personne n'y avait pénétré depuis longtemps. On trouve, incluse dans le répertoire d'Ibn Sîrîn, conçu comme un trousseau de clefs des songes, une prière pour obtenir en rêve la réponse à une question posée.

Pour le christianisme qui niait les prémonitions, les prédictions, et autres interprétations à but divinatoire, les rêves, tous peuplés de succubes et d'incubes, étaient des créations du Diable. À l'appui de cette thèse, le fait que les rêves prennent leurs sources dans l'imagination que la sagesse chrétienne jugeait comme « la folle du logis » (*cf.* Malebranche, *De la recherche de la vérité*). Poussée plus tard dans ses retranchements, la religion a admis que, à côté des mauvais rêves qui sont l'œuvre du démon, une autre sorte de rêves existait, les bons qui viennent des anges.

Jérôme Cardan (1501-1576), médecin, mathématicien et astrologue (à sa grande surprise, il fut poursuivi par l'Inquisition pour avoir établi l'horoscope du Christ), s'adonna à l'étude des rêves que Rabelais qualifia de « vaticinations somniales » à la même époque. Pour Jérôme Cardan (inventeur, entre autres, du système mécanique qui porte encore son nom), le rêve, porteur de vérité et de certitude quand il est divinatoire, constitue un phénomène naturel.

De nombreux hommes de talent à sa suite, Georg Christoph Lichtenberg (1742-1799), qui a imaginé « le couteau sans manche auquel il manque la lame », Alfred Maury (1817-1892), Marie-Jean Hervey de Saint-Denys (1823-1892), ou encore Sigmund Freud et Carl Gustav Jung, ont tenté de trouver d'autres clefs pour emprunter cette voie royale que le rêve ouvre. En fait, comme dans les superstitions, tout y est factuel et affaire d'interprétation. Un rêve est toujours logique, mais pas de la manière qui paraît évidente à première vue au néophyte : un boucher, selon le mot poétique, donc vrai, d'Henri Michaux, fait des rêves de boucher ; et « Un écrivain, qui rêve d'épée, se voit plus volontiers appartenir à l'Académie française que sur un pré à ferrailler contre un adversaire », s'il faut en croire Jean

Suyeux, homme d'humour et biographe du vrai Cyrano de Bergerac.

Si cohérent qu'il soit, un rêve se présente comme une espèce de jardin extraordinaire, où peuvent se retrouver, masqués ou à visages découverts, le magique, la poésie, une forme de logique parallèle à la réalité, l'hypothétique. Ce n'est pas le moindre attrait des rêves, communs à tous les hommes sauf à ceux qui règlent leurs comptes avec le sang des autres ; on sait que, selon Sartre, « les assassins sont des gens qui ne rêvent pas ».

Devenu cauchemar, le rêve enferme le rêveur dans un jardin des supplices. Plusieurs remèdes existent pour ne pas être la proie de ces rêves mauvais dont on voudrait s'évader. Pour y parvenir, il faut attacher à son bras, maintenu par un ruban violet, un cristal de roche qui est, après le diamant, l'ennemi le plus redouté des démons de la nuit qui inventent les cauchemars, lesquels, selon Littré qui était médecin de formation et prosaïque de nature, proviendraient « d'un poids incommode sur la région épigastrique pendant le sommeil ». On peut placer aussi ce cristal de roche sous son oreiller – plus le prisme en est régulier, plus il se montre efficace.

Si l'on ne dispose ni d'un cristal de roche, ni, à son défaut, d'un diamant pour jeter ces idées malines hors de son esprit, il faut croiser haut ses mains, à plat sur sa poitrine, sans les crisper.

À moins d'être vraiment malade, on ne reste pas au lit à l'heure de la messe de minuit, sous peine d'être envahi par des visions cauchemardesques. Dans ce cas, aucun remède ne peut rien.

AMULETTE, PETITE AMULETTE

Les superstitions peuvent cohabiter en toute familiarité avec la modernité et l'esprit de géométrie. Neil Armstrong, le premier homme à avoir posé le pied sur la Lune, en 1969 (« Un petit pas pour l'homme, un pas de géant pour l'humanité »), avait conservé sur lui un petit ours en peluche qui ne le quittait dans aucune de ses missions. On peut estimer, sans trop de hardiesse, semble-t-il, que ce technicien du pilotage spacial devait attribuer à ce jouet une valeur plus superstitieuse que scientifique. Mais que la Nasa lui ait permis de faire voyager un fétiche, car c'en était un, dans une fusée où tout devait être pesé au microgramme près, a quelque chose de rassurant en ce que, pour la première fois peut-être, une superstition a été considérée comme un paramètre entrant dans la réussite d'une expérience scientifique lourde d'avenir pour l'humanité.

Un pilote de ligne a confié que, comme presque tous ses confrères, il est superstitieux. Mais, pour cette raison même, il ne possède pas de fétiche : « Si, un jour, il m'arrivait de l'oublier, je me planterais, j'en suis sûr. Rien qu'à cause de ça. »

Il y a trois sortes de fétiches. Les trois disposent d'un pouvoir bénéfique. On les appelle plus facilement des porte-bonheur, voire, comme les Africains, des gri-gris. Ils peuvent être naturels (ceux tirant leur énergie d'eux-mêmes, tels les coquillages, le corail, ou les pattes de lapin), fabriqués (les amulettes et les talismans), ou reconnus comme des fétiches, à un détour de la vie.

La romancière Béatrix Beck raconte qu'une femme, sans foi particulière dans les superstitions, avait confectionné un fétiche, à son usage, un peu par hasard. Dans un médaillon vide jusque-là, elle avait enfermé la queue d'un lézard nain, qui lui était restée dans la main lorsqu'elle avait tenté de le capturer : « Il lui portait bonheur, écrit-elle à propos de ce fétiche, parce qu'elle le portait avec bonheur. »

Des caractères différents des superstitions

Comme toute chose suppose son contraire, à toute pratique superstitieuse répond, presque toujours, une conjuration qui la désarme ; on l'a vu. Ces conjurations, conservées par des sages qui les adaptaient aux personnes en même temps qu'aux circonstances, se révélaient moins spectaculaires mais souvent plus efficaces que de mettre le feu aux châteaux et de trucider les châtelains – encore que ceci n'ait pas empêché cela, ici ou là, à un moment ou à un autre.

De jacqueries en conjurations secrètes, la vie dans les provinces avait fini par s'équilibrer sans trop de remous ni de casse. Cela, jusqu'à la seconde moitié du XVIIIe siècle où des gens, aussi opposés que pouvaient l'être les Jésuites et un philosophe tout juste déiste comme Voltaire, se sont ligués contre les superstitions ; devenant des alliés objectifs, une petite centaine d'années avant que Marx en invente la notion. Les craintes qu'ils entretenaient ont dû leur paraître vraiment gravissimes pour parvenir à oublier les polémiques qui les opposaient avec acharnement depuis tant d'années. Quelle autre explication donner à cette alliance du lapin et de la carpe qui les a amenés à combiner le génie de l'un avec l'ambition des autres ?

Voltaire, dont le libéralisme philosophique éclairait l'Europe intellectuelle de l'époque, s'en justifia : « La superstition et le despotisme sont, immédiatement après la peste, les plus horribles fléaux du genre humain. » Si Voltaire ne parle jamais des superstitions, préférant partir en guerre contre *la* superstition qu'il appelle « l'infâme », c'est parce qu'il lui apparaît qu'au-delà des recettes de bonne femme et des manigances magiques à deux sous qui, au vrai, ne le gênent en rien, sa nature subversive risque de remettre en cause la société aristocratique à laquelle, à deux ou trois détails près, il est attaché.

Que deviendrait le despotisme éclairé dont ce réformateur rêve pour l'Europe, si les paysans et les ouvriers des manufactures, alliés pour l'occasion, se mettaient dans l'idée de contrebattre les décisions de leurs « bons maîtres » (les piliers de la société) et à guigner du côté de leurs fortunes et de leurs revenus ?

Que resterait-il de la religion, s'inquiètent de leur côté les Jésuites, si ses ouailles (le troupeau) les plus liées à l'autel commençaient à contester les préceptes de l'Église et à jeter au feu la houlette de ses pasteurs ?

Sur le plan stratégique, Voltaire et les Jésuites, chacun dans leur camp, n'avaient pas tort. Par leur fonctionnement autant que par leur essence, les superstitions mettaient bel et bien en péril l'ordre civil défendu par l'auteur du *Dictionnaire philosophique* qui avait entassé, dans le secret de son coffre-fort, une fortune considérable grâce à la traite des Noirs et à l'usure. De la même manière, ces croyances magiques mettaient en doute, ce qui était peut-être plus grave, le dogme de la résignation (le moyen promis comme le plus sûr au *vulgum pecus* pour aller en paradis), fondement de la religion chrétienne défendue avec la même souplesse infatigable par les Jésuites depuis la fondation de leur ordre par Ignace de Loyola, chevalier servant de la plus grande gloire de Dieu.

À laisser les superstitions, ces sorcières du désordre et de l'anarchie, chevaucher leurs balais, une révolution, dont on ne pouvait pas savoir où elle s'arrêterait, pouvait menacer la douceur de vivre. Ce n'était pas si mal induit.

UN SABBAT MATÉ PAR THÉO

Un homme comme Buffon, qui passe encore aujourd'hui pour un assez bon observateur de la nature, s'est montré plus nuancé que Voltaire, sur le même sujet, à la même époque : « La superstition en général est une erreur, a-t-il écrit, mais les superstitions particulières ont quelquefois un fondement raisonnable. »

Son « fondement raisonnable » paraît lui-même raisonnable et sage. En somme, la superstition institutionnalisée serait dangereuse, parce que reposant sur l'obscurantisme, mais pas ces petites croyances magiques que chacun invente à son usage personnel et qui aident à vivre le quotidien. Ce n'était pas si mal conclu.

« Au fond, qu'y a-t-il de vraiment déraisonnable dans ces croyances ? » plaidera, au siècle suivant, Théophile Gautier qui avait du goût pour les choses magiques.

Pour justifier les quelques superstitions auxquelles lui-même cédait, l'auteur du *Capitaine Fracasse* et de *Spirite*, une nouvelle fantastique que Baudelaire considérait comme un chef-d'œuvre, Gautier, donc, précisait, non sans humour, qu'après tout :

« L'existence du Diable est prouvée par les autorités les plus respectables, tout comme celle de Dieu. C'est même un article de foi. »

Dans *Albertus ou l'Âme et le Péché*, un chant poético-baroque qui raconte les amours du héros et d'une sorcière, Théophile Gautier a décrit un sabbat. Ce poème, qui a choqué beaucoup de gens à sa publication en 1832, ne manque ni de mouvement, ni d'imagination, ni de sensualité.

En voici la dernière strophe :

Le chevelure au vent, la joue en feu, les femmes
Tordaient leurs membres nus en postures infâmes ;
Arétin eût rougi. Des baisers furieux

Marbraient les seins meurtris et les épaules blanches ;
Des doigts noirs et velus se crispaient sur les hanches,
On entendait un bruit de chocs luxurieux.
Les prunelles jetaient des éclairs électriques,
Les bouches se fondaient en étreintes lubriques ;
C'étaient des rires fous, des cris, des râlements !
Non, Sodome jamais, jamais sa sœur immonde
N'effrayèrent le ciel, ne souillèrent le monde
De plus hideux accouplements.

LES ÉTERNELS STIGMATES DES CROYANCES

Si l'on a été élevé dans les superstitions, on en reste marqué. Elles vivent trop profond en nous pour être démêlées de l'éducation, voire de la morale sociale, que mères et grands-mères enseignent à leurs enfants. Car, nombre de préceptes, qui ont gouverné des générations de générations, se sont transmutés en superstitions.

Sans rejoindre l'illusion lyrique de Malraux (« Le XXIe siècle sera mystique ou ne sera pas », comme si un siècle pouvait, comme Hamlet, « Être ou ne pas être »), il apparaît comme probable que mieux on domestiquera les progrès de la modernité, et plus on sera séduit par le jeu des forces qui échappent aux appareils de mesure et qui animent peut-être les superstitions. Ceci équilibrant cela, les superstitions devraient avoir, semble-t-il, encore de beaux jours devant elles, mal gré qu'en aient les hyperrationalistes qui, par religion de la raison, en viennent à condamner tout ce qui échappe aujourd'hui à l'explicable. De plus, comme l'a écrit un sociologue réaliste : « aucun appareil scientifique n'ayant pu prouver que les superstitions n'existent pas, si certaines personnes ont besoin d'elles pour conserver leur statut d'individu face à la société, vivent les superstitions ! »

L'avis de Balzac, non plus, n'est pas à négliger qui avait tout compris de la société industrielle, née à son époque : « Un homme n'est pas tout à fait misérable quand il est superstitieux. Une superstition vaut une espérance. »

DU BON USAGE DE LA BAGUE

Du moment où les superstitions se sont libérées de la paramédecine, elles ont pu rester sur leur terrain où elles semblent jusqu'à présent irremplaçables. Si elles sont, en effet, restées vivaces jusqu'à notre temps rien moins que matérialiste et pragmatique, c'est grâce aux recours pratiques qu'elles proposent, et non pas à une nostalgie d'un divin plus ou moins dévoyé.

Partant du principe qu'il n'y a pas de superstitions valides pour tout le monde et qu'on n'est jamais si bien servi que par soi-même, Stendhal, romancier à l'esprit scientifique (il ne croyait qu'aux faits), s'en fabriqua quelques-unes : « Le privilégié (lui, en l'occurrence), ayant une bague au doigt et serrant cette bague en regardant une femme, elle devient amoureuse de lui à la passion comme Éloïse le fut d'Abélard. Si la bague est un peu mouillée de salive, la femme regardée devient seulement une amie tendre et dévouée.

Regardant une femme et ôtant sa bague du doigt, les sentiments, inspirés en vertu des privilèges précédents, cessent. La haine se change en bienveillance, en regardant l'être haineux tout en frottant une bague au doigt. » Ces superstitions, et quelques autres aussi, se trouvent dans ses *Œuvres intimes* (Bibliothèque de la Pléiade).

Stendhal croyait-il vraiment à leur pouvoir ? peut-être. Ont-elles fonctionné comme il le souhaitait en les inventant ? il ne le dit pas. Le nombre de ses fiascos amoureux pourrait faire douter de leur efficacité.

LES PETITS COUTEAUX ENTRETIENNENT L'INIMITIÉ

Quelque logique que l'on attribue aux superstitions, ne serait-ce que dans la relation de cause à effet, certaines de leurs dimensions quelquefois surréalistes nous échappent. Pas question donc de pouvoir leur trouver des explications, si évidentes paraîtraient-elles.

À tout vouloir expliquer, on risque, sinon de tuer la poule aux œufs d'or, du moins de négliger un jeu qui agrémente la vie, utilement et joliment. Le mieux est donc de profiter de ce que les superstitions apportent, et de ne pas s'émouvoir outre mesure lorsqu'elles ne fonctionnent pas.

Quelques superstitions personnelles rythment ma vie, sans la régenter. Elles se sont imposées à moi (si l'on y prête attention, les faits ne sont pas innocents, on le sait), puis elles me sont devenues familières, avec les années. Je vis avec elles en m'en amusant.

Je ne cire pas mieux, ou moins bien, mes souliers parce que quelques-uns de mes amis considèrent mes superstitions comme des coïncidences, voire comme des manifestations d'une débilité évidente. De quelque nom qu'on les habille, elles fonctionnent quelquefois à mon avantage, et, dans ces cas, je me réjouis qu'elles existent.

Ayant habité hors de Paris pendant quelques années, je m'y rendais chaque matin en voiture. Il me suffisait de décider que j'allumerais une cigarette (la première, celle d'après le petit déjeuner, la meilleure, les fumeurs le savent tous) au premier feu passant au rouge, pour que tous les feux sur ma route se missent au vert, l'un après l'autre – comme par contagion magique –, jusqu'à Paris.

Voici sept de ces superstitions, partagées avec d'autres personnes, sans que nous nous soyons donné le mot :

☞ Si la paume de la main gauche me démange, de l'argent va me rentrer que je n'attends pas.

☞ Chaque fois que j'achète une documentation pour écrire un livre, sans avoir encore signé de contrat, l'affaire ne se fait pas.

☞ S'il faut allumer trois bougies, j'allume les deux autres à la première : c'est un moyen de donner sept ans de vie supplémentaire à la personne la plus âgée que ces bougies éclairent – quelquefois, c'est moi.

☞ Comme Ben Hur et les Québécois, j'ai remarqué que si je viens de faire laver mon char, il pleut dans l'heure qui suit.

☞ Une amie mexicaine m'a appris que rendre son sourire à un aveugle que l'on croise, porte bonheur pour le reste de la journée.

☞ C'est perdre à coup sûr un ami que de lui offrir en cadeau un couteau ou tout autre objet qui pique sans avoir reçu de lui une pièce d'argent en retour.

☞ Passée à trois reprises sur un orgelet naissant, une alliance d'or le fait avorter.

Les treize superstitions universelles

*P*ARMI les quelque cinq cent mille superstitions répertoriées, dit-on, par un chercheur anglais, quelques-unes se retrouvent un peu partout dans le monde, à peine différentes, mais vivaces dans tous les milieux sociaux, présentes dans presque toutes les cultures. Les plus populaires, donc.

Au Kamtchatka comme en basse Bretagne, au Tibet ou sur les hauts plateaux du Pérou, en Corse, dans les pays du blé, du riz ou du manioc, ou encore des châtaignes, on use des mêmes pratiques, à peu de différence près. Ici, on pose le pied gauche d'abord, la première fois qu'on pénètre dans sa maison ; là, on avance le droit.

Il y en a treize qu'on peut qualifier d'universelles :

TOUCHER DU BOIS

Toucher du bois fait partie de ces préceptes superstitieux que la religion n'a pas réussi à déraciner. C'est pour cette raison qu'elle a laissé affirmer que si le bois porte chance, c'est (a contrario) par révérence à la croix sur laquelle le Christ est mort au Golgotha.

En fait, cette superstition date de la Grèce ancienne. Toucher du bois, dans ce temps-là, revenait à se mettre en contact avec le dieu Atar, le génie du feu monté du cœur de la terre dans le tronc des arbres par le canal des veines du bois. Ainsi captait-on un peu de l'influx divin.

Pour se porter chance, Ronsard, qui savait sa mythologie grecque jusqu'au bout de la plume, préférait s'imaginer touchant des cuisses de nymphes plutôt que les biceps d'un dieu barbu. On se rappelle son *Ode à la forêt de Gastine* :

Écoute, bûcheron, arrête un peu le bras !
Ce ne sont pas des bois que tu jettes à bas ;
Ne vois-tu pas le sang, lequel dégoutte à force
Des nymphes qui vivaient dessous la dure écorce ?

C'est longtemps après que sainte Hélène eut retrouvé la croix sur laquelle le Christ fut supplicié, que cette superstition a été christianisée. De cette époque encore, la croyance que les porte-bonheur en bois les plus efficaces sont en olivier et/ou en cèdre. Cela, parce qu'au Proche-Orient les pieux des croix étaient taillés dans des troncs d'olivier et les traverses, dans du cèdre.

LE VERT

Couleur la plus répandue dans la nature dont elle marque le renouveau, le vert passe pour attirer le malheur, la désolation et la malchance ; sauf pour Baudelaire qui a célébré « le vert paradis des amours enfantines » et « la mer immense, tumultueuse et verte ».

Il y a au moins quatre explications possibles au caractère maléfique que la superstition prête au vert :

☞ la plus vraisemblable tient au fait que c'est la couleur de l'oxyde de cuivre, le vert-de-gris, un poison mortel, connu depuis les temps les plus anciens ;

☞ la seconde trouve son origine dans une légende russe. La tradition raconte qu'existe, dans les flancs de l'Oural, une caverne pleine d'émeraudes les plus belles. Une dragonne aux yeux verts en défend l'entrée ; son regard tue sur place ceux (voleurs ou pas) qui se risquent à y pénétrer ;

☞ la troisième, plus subtile, tiendrait à l'instabilité chimique du vert – couleur que les teinturiers ont eu le plus de mal à fixer ;

☞ la quatrième vient de ce que, depuis le XIIIe siècle, le vert est la couleur du Diable. Lorsqu'on brûlait des livres inspirés par le Diable sur les places publiques, les représentants de l'Église, qui présidaient à cet autodafé, présentaient une croix verte voilée de noir, au bûcher.

Le vert passe pour porter malheur dans notre culture, plus particulièrement aux comédiens qui l'ont en phobie ; pas aux Américains qui l'ont choisi comme couleur du dollar, ni aux musulmans, pour lesquels le paradis d'Allah est vert, comme l'étaient le turban et l'étendard de Mahomet.

Le vert ne porte pas malheur non plus : aux joueurs de golf dont les parcours sont verts ; aux autres sportifs dont les terrains de jeu sont verts aussi (footballeurs, joueurs de rugby, de tennis, ou encore de ping-pong) ; aux hommes d'affaire qui ont tapissé de vert les tables des conseils d'administration ; aux pharmaciens dont les officines ont pour enseigne une croix verte ; aux amateurs de cartes, et autres jeux de hasard, qui risquent leurs chances sur des tapis verts, depuis près de quatre cents ans.

LE 13

Peut porter aussi bien bonheur que malheur – tout dépend des pays et des personnes.

Une exception : se trouver treize à table, qui entraîne la mort d'un convive dans l'année, semble être redouté dans le monde entier. Cette superstition tient sans doute à la Cène.

Le philosophe Alain (1868-1951) a évoqué la Cène dans un de ses *Propos* (Bibliothèque de la Pléiade) : « Jésus et ses douze apôtres, cela faisait treize à table [...] Ce nombre annonce ici l'un des plus illustres malheurs. Est-ce de là qu'il est maudit ? Ou au contraire fut-il choisi par la légende d'après une immémoriale superstition ? On distingue toujours, à travers un mythe, une sagesse plus ancienne. »

De fait, le caractère maléfique du treize date de l'Antiquité la plus haute. Jusqu'à l'adoption du système décimal, on avait compté par douze ; le douze était considéré comme le nombre de la perfection : les signes du Zodiaque, les dieux de l'Olympe, les heures du jour et de la nuit, les Apôtres, et plus tard les chevaliers de la Table Ronde furent au nombre de douze.

Début d'une douzaine nouvelle, le treize inquiétait ou rassurait. Cette douzaine, qui commençait, allait-elle être bonne ou mauvaise ? Les optimistes se réjouissaient de sa nouveauté ; les pessimistes se rongeaient au moment de franchir cette frontière ouvrant sur l'inconnu.

Philippe de Macédoine mourut d'avoir fait ériger sa statue à côté des douze dieux de l'Olympe. On sait que le XIIIe chapitre de l'Apocalypse met en scène la Bête et l'Antéchrist, tous deux instruments du Diable.

L'histoire a retenu que Marat, le duc de Berry, et Alexandre II de Russie furent assassinés un 13.

Le treize peut cependant connoter la puissance : ainsi en va-t-il de Zeus, treizième dieu de l'Olympe, qui est le dieu des dieux.

Des attitudes semblables, face à d'autres séries (20, 100, 1000), se retrouvent, à travers le temps, au gré des cultures : pour saluer un événement ou l'exorciser, on tirait 21 ou 101 coups de canon (ce manuel pratique comporte 101 pages et 7 chapitres). Et la princesse Shéhérazade n'a eu la vie sauve qu'au terme de la 1001e nuit. Autre superstition née d'une série, jamais-deux-sans-trois qui semble procéder du système binaire, celui sur lequel l'informatique repose.

En France, la tradition montre que le treize passe plutôt pour bénéfique. Les commerçants qui continuent de pratiquer le « treize à la douzaine », font de meilleures affaires que les autres. Surtout, on n'a jamais vu un salarié français refuser son treizième mois.

En Italie, en revanche, le treize porte malheur : Gabriele D'Annunzio a daté chacun de ses écrits « 1912 + 1 », durant toute l'année 1913. Et lorsque la Première Guerre mondiale a éclaté en 1914, il s'est exclamé : « Je savais bien qu'un malheur allait arriver ! »

En Angleterre, on se contente de ne pas se marier un 13.

Aux États-Unis d'Amérique la crainte du 13 confine à la pathologie : pas de place 13 dans les avions, pas de treizième étage dans les immeubles de New York ; si les Sudistes ont perdu, c'est à cause des treize étoiles de leur bannière ; la mission Apollo XIII a échoué parce que la Nasa ne l'a pas baptisée XII *bis*.

Cependant, on constate que sur le billet d'un dollar (vert, on le sait), tel qu'il existe depuis 1935, se trouve un aigle surmonté de treize pentacles, disposés en étoile de David ; dans son bec, il porte la devise *E pluribus unum* (De plusieurs, un seul) qui comporte treize lettres.

On dit que treize mille superstitions sont attachées au 13 aux États-Unis d'Amérique ; elles y gouvernent la vie des Blancs comme celle des Noirs – chaque couleur ayant les siennes. Une Américaine ne conserve pas 13 dollars sur elle : si elle est blanche, elle met le treizième dans sa tirelire ; une Noire le dépense.

Pour ne pas laisser la moindre chance d'aller ailleurs qu'en enfer aux condamnés du procès de Nuremberg, l'escalier de la potence à laquelle ils furent pendus comportait treize marches.

Enfin, est-ce un bien ? Christophe Colomb a découvert l'Amérique un vendredi 13.

LE SEL

Comme il est lié à la mer dont nous sortons tous, il est l'objet de superstitions venues de l'archaïque. Il fut un des ingrédients essentiels du culte égyptien. Dans la *Bible*, il est considéré comme le signe d'alliance avec Dieu

Le psychanalyste Ernest Jones, entre autres biographe de Freud, en a écrit : « De tout temps, on a donné au sel une importance qui dépasse de loin ses propriétés naturelles, si intéressantes et essentielles fussent-elles. Homère en parle comme d'une substance divine. Platon le décrit comme particulièrement cher aux dieux ; les cérémonies religieuses, les pactes, les sortilèges le mettent en valeur. »

Le sel sur la langue de l'enfant qu'on baptise en témoigne, comme les sept grains de sel qu'on jetait dans l'âtre d'une maison nouvelle avant d'y pendre la crémaillère, pour chasser le démon.

Sept grains de sel dans le fond d'une poche préservent de la rencontre du Diable un promeneur qui sort tard le soir.

Si l'on renverse du sel sur une table, il faut, dans l'instant, en lancer une pincée par-dessus son épaule gauche pour conjurer le mauvais sort et aveugler, en même temps, le Diable qui, accouru aussitôt, se tient derrière le maladroit, prêt à lui voler son âme.

Saint-Simon raconte que le maréchal de Montrevel, un homme fort courageux, pâlit et quitta la table à laquelle il se trouvait en murmurant : « Je suis un homme mort », parce qu'une salière venait de se renverser devant lui. Rentré en hâte chez lui, la fièvre le prit. Quatre jours plus tard, il était mort.

Il ne faut jamais passer une salière, de la main à la main, mais la poser à portée de la personne qui l'a demandée. La raison de cette superstition est historique : les familles aristocratiques de l'Italie du Nord (Médicis, Visconti, et autres Borgia) se sont entre-tuées pendant des années ; dagues, poisons, tout leur a été bon. Ayant remarqué que rien ne ressemble plus à du sel fin que la poudre d'arsenic, un Borgia en faisait emplir une des salières disposées sur la table à laquelle il recevait quelqu'un dont il souhaitait se débarrasser. Pour ne pas rater son coup, Borgia proposait lui-même cette salière à son invité auquel il la passait de la main à la main pour être sûr qu'elle parvenait bien à son destinataire. Ce stratagème fonctionnait si bien que la salière, passée de la main à la main, est devenue signe de mort avec le temps. En la posant à côté de la personne qui l'a demandée, on laisse cette dernière libre de son geste : en prenant elle-même la salière en main, c'est elle qui se donne, peut-être, la mort. Pas celui ou celle qui l'a approchée d'elle.

CASSER DU VERRE BLANC

Casser du verre blanc ou du cristal (c'est tout comme) porte bonheur, à la seule condition de ne l'avoir pas fait exprès. Si c'est le cas, autant de morceaux, autant d'années de bonheur.

Comme on en use avec une salière, on ne donne pas un verre (blanc, plein ou vide) de la main à la main à qui l'a demandé, même si cette manière d'agir lui paraît la plus simple. On pose le verre à sa portée, pour que cette personne s'en saisisse elle-même. On se brouillerait avec elle, si le verre se cassait au moment précis où on le lui passe.

L'ÉCHELLE

L'échelle sous laquelle il ne faut pas passer est une superstition que l'on retrouve dans toutes les civilisations. Elle est née, on le sait, d'un mythe égyptien qui faisait du triangle une figure sacrée, dans laquelle il était interdit de pénétrer. Le triangle, ici, est celui constitué par le sol sur lequel l'échelle repose (le premier côté), le mur sur lequel elle s'appuie (le deuxième côté), et comme troisième côté, l'échelle, elle-même.

La religion a annexé aussi cette superstition indéracinable, grâce à un mécanisme ingénieux. L'astuce a été de donner à penser que triangle et Trinité, c'était tout un. Ce concept a été si facile à faire passer dans l'inconscient collectif que le populaire a fini par oublier le mythe du triangle sacré égyptien, et croire vraiment qu'il maltraitait la Trinité, en passant sous une échelle. Ensuite, ce ne fut plus que jeu d'enfant d'imposer la conclusion que mal se conduire envers la Trinité, c'était se porter malheur.

Quant au pot de peinture qui risque de tomber sur la tête de l'imprudent qui ose passer sous une échelle, il n'a rien à voir avec la Trinité. Dans ce cas, c'est le Diable qui fait une niche. Ce qui n'empêche pas le malheur d'attendre ce passant au coin de la rue, parce qu'il a tout de même transgressé un mythe.

Une personne qui est passée par inadvertance sous une échelle peut conjurer le sort et chasser le Diable en lui faisant les cornes de la main droite (pour cela, on replie le majeur et l'annulaire que l'on maintient repliés à l'intérieur de la paume avec le pouce ; tout en tendant l'index et l'auriculaire).

À propos de cette superstition, ne pas oublier la réflexion de Pierre Dac (1893-1975) : « Les gens superstitieux vous recommandent instamment de ne jamais passer sous une échelle, mais ils ne vous empêchent pas de passer sous un taxi. »

LE FER À CHEVAL

Si le fer à cheval porte bonheur, c'est grâce au fer qui renforce celui qui le touche, pas au cheval. Ce que confirme la médecine moderne qui conseille aux personnes fatiguées de prendre du fer.

Le fer à cheval porte bonheur, mais à trois conditions :

☞ il faut le trouver par hasard dans un chemin creux ;
☞ l'ergot s'accrochant à la corne du sabot du cheval doit être tourné contre le sol ;
☞ il doit comporter sept trous destinés à l'enclouer :

quatre sur la branche de gauche, trois sur celle de droite, lorsqu'on le regarde ergot tourné vers le sol.

Lorsqu'on le fixe à l'intérieur de la maison de manière qu'il imite la lettre C (comme Christ), face à la porte d'entrée, il protège du Diable et porte bonheur à la maison et à ses occupants lorsqu'ils sont sous son toit.

COIFFE

Naître coiffé est le signe que l'enfant qui vient au monde la tête coiffée d'une partie des membranes du fœtus pourra aller loin dans la vie si les circonstances le favorisent ; cela, parce qu'il est aimé et protégé des dieux. Mais, destin remarquable ne signifie pas bonheur. Napoléon Bonaparte est né coiffé, ou plus exactement, comme on dit en Corse, il était « poule blanche ». C'est ce qu'il se fit confirmer par sa mère, le soir de Noël 1800, pour expliquer à son entourage la chance qui accompagnait sa vie dont il avait l'ambition de faire un destin, grâce à sa coiffe sans doute.

CORDE

La meilleure pour porter chance est la corde de pendu, à condition qu'elle soit de chanvre. On n'en trouve plus qu'en Grande-Bretagne. Les bourreaux anglais, qui continuent d'utiliser du chanvre pour pendre les roturiers, sont les derniers à pouvoir fournir les amateurs de ce porte-bonheur très sûr. Il ne faut pas acheter de corde ayant servi à pendre un noble, sauf par snobisme : étant en soie, elle n'a aucune valeur en tant que fétiche.

C'est avec une corde que les sorciers nouent les vents. Comme une fiole peut renfermer un liquide, une corde ensorcelée peut contenir les vents. Olaüs Magnus raconte qu'il a vu, en 1555, deux navigateurs de haute mer discuter avec un sorcier le prix d'une corde à trois nœuds qu'il avait à vendre. Les marins savent qu'en dénouant le premier nœud d'une corde ensorcelée, on libère un vent d'ouest léger ; le deuxième fait se lever un vent du nord violent et le troisième, à peine dénoué, déchaîne une tempête redoutable, comme le siècle n'en connaîtra plus.

Dans l'Orient extrême, les cordes tressées avec de la paille de riz sont magiques. Elles protègent les lieux sacrés en enfermant dehors les esprits malfaisants. Elles sont brûlées chaque année au cours des fêtes du nouvel an, et remplacées par des cordes neuves dont le pouvoir va durer un an.

AIGUILLE

Comme tous les objets qui peuvent blesser, on n'offre pas une aiguille sans piquer la personne à qui on la destine avant de la lui donner. Sans quoi, on risquerait de se brouiller avec elle. Seul un masochiste, désirant être malheureux en amour, ramasse une aiguille dans le chas de laquelle un fil noir est resté enfilé. Les aiguilles ayant servi à coudre des linceuls sont, en revanche, très recherchées. Une seule de ces aiguilles, placée sous l'assiette d'une personne, peut l'envoyer sans détour en enfer au moment de sa mort.

Une jeune fille, pas forcément vierge, ignorée par l'homme qu'elle aime, doit planter sept aiguilles dans une bougie neuve qu'elle vient d'allumer. Cela fait, tout le temps qu'elle prie la Vierge de satisfaire le désir qu'elle a de cet homme, elle serre la base de la bougie d'une main ferme (la droite). Au moment où la flamme risque de la brûler, la jeune fille souffle la bougie. Si dans les sept jours qui suivent, l'homme ne lui a pas flatté la hanche, du moins l'aura-t-elle rendu impuissant avec les autres femmes.

Casser net une aiguille en cousant est le signe qu'il va falloir prendre une décision importante concernant sa maison.

ALLIANCE

Elle se porte à l'annulaire, gauche ou droit selon les cultures, depuis qu'Aulu-Gelle, un érudit romain, a remarqué qu'une veine reliait ce doigt au cœur. De fer, d'argent, puis d'or ou de platine, l'anneau a d'abord été un signe d'autorité, avant de devenir le symbole d'une alliance entre une fiancée et son futur mari.

Lorsqu'un marié ne parvient pas à glisser plus loin que la deuxième phalange l'alliance de celle qu'il est en train d'épouser, c'est le signe que sa femme commandera dans le ménage.

Suspendue à un cheveu de son mari, l'alliance d'une épouse peut lui servir de pendule si elle veut apprendre des choses sur son mariage.

Si une femme ôte son alliance en public, elle permet que l'on pénètre dans son intimité, à ses risques et périls.

C'est Jean Cocteau qui a inventé (pour Raymond Radiguet) et commandé à Louis Cartier la version moderne de la triple alliance : trois anneaux d'ors différents. L'or jaune et l'or gris symbolisant le couple ; le rose, l'amour de rencontre. Lorsqu'une femme porte, en connaissance de cause, ces anneaux baptisés « d'infidélité », elle se met dans la situation d'une jeune veuve corse qui, pour faire savoir qu'elle n'est plus inconsolable, ne ferme plus sa porte au verrou.

BRISER UN MIROIR

On peut imaginer qu'il y a plus réjouissant, rien que sur le plan symbolique, que de briser un miroir, car c'est sa propre image que l'on réduit en miettes. Cependant, ce n'est tout de même pas la catastrophe que l'on dit. Si les personnes écopaient vraiment de sept ans de malheur, à chaque fois qu'elles brisent un miroir, sans échappatoire, il leur faudrait vivre aussi longtemps que Mathusalem avant d'avoir épuisé la somme des malédictions qui doit leur tomber sur la tête. En fait, il existe une conjuration à ce coup du sort. Elle consiste à ramasser les morceaux du miroir brisé, sans en oublier un seul, puis d'aller les jeter un par un dans le lac, ou l'étang, le plus proche de l'endroit où cet accident est arrivé. Au moment où on lance dans l'eau chacun des morceaux du miroir, on les recommande au Diable.

Si l'on place un miroir face à l'entrée, dans sa maison, il renverra le malheur d'où il vient, comme il le ferait pour un rayon de lumière.

Louis Massignon (1883-1962), qui fut le grand orientaliste que l'on sait, a décrit le rôle que l'on fait jouer au miroir dans le rituel de mariage au Moyen-Orient : « Le miroir est suspendu sur le mur du fond de la salle de réunion ; les fiancés doivent entrer par deux portes opposées et, au lieu de se regarder directement l'un l'autre, ils doivent le faire par le biais de ce miroir. » Massignon explique que, de cette façon, les fiancés se regardent dans « la vérité du paradis », c'est-à-dire qu'ils voient à droite l'œil droit de l'autre et non pas à gauche comme lorsqu'on se regarde directement. Cette manière de voir les choses comme elles sont vraiment leur évitera de se tromper, dans les deux acceptions du terme, jusqu'à la fin de leur vie.

LE MAUVAIS ŒIL

C'est la pire des malédictions. Elle est née au Moyen-Orient où, pour ainsi dire, seuls les étrangers (par qui, là-bas aussi, tous les malheurs arrivent) ont les yeux bleus. Le mauvais œil, qui depuis ces temps immémoriaux n'est plus seulement bleu, se jette. Et le jeter, c'est « décharger avec son œil une substance invisible, immatérielle, maléfique sur qui on regarde pour lui nuire ». Il peut provoquer des maladies douloureuses ou pas, fatales toujours, foudroyantes ou suivies d'une mort plus ou moins rapide ; maladies qui, toutes, n'ont d'autres causes que le mauvais œil.

Usent du mauvais œil, les femmes à barbe, les femmes-troncs, celles qui ont un œil vairon (un œil d'une couleur ; le second, d'une autre), les borgnes, et surtout les femmes vieilles, devenues méchantes à cause des frustrations apportées par l'âge. Leurs victimes favorites sont les enfants (parce qu'elles ne peuvent plus en avoir et que les enfants n'aiment pas les vieux), les accouchées (parce que aucun homme ne les rend plus enceintes), et les jeunes mariés qui les narguent à cause de leur bonheur et de leurs espoirs. Outre les personnes, elles peuvent s'attaquer aussi aux récoltes, aux troupeaux, aux animaux domestiques que d'autres, plus fortunés ou plus heureux qu'elles, possèdent.

Deux talismans naturels sont souverains contre le mauvais œil : un objet en fer que l'on touche aussitôt, et une main de corail cornue.

Si l'on ne possède ni l'un ni l'autre, faire les cornes, la main droite cachée dans son dos, désarme le mauvais œil.

Pour en protéger sa maison, on plante un figuier devant.

Pour ne pas en finir avec ces choses utiles à la vie humaine

L'ÉTYMOLOGIE du mot « superstition » est significative. D'après le *Dictionnaire historique de la langue française* d'Alain Rey, elle dérive du verbe latin *superstare* : « se tenir au-dessus, surmonter, dominer ; à la basse époque, le verbe a signifié survivre ». On voit que superstition s'oppose de manière fondamentale à religion (du verbe latin *religare* qui signifie relier, lier les uns aux autres) qui fait des hommes un troupeau, d'agneaux dans le meilleur des cas, le plus homogène possible, soumis aux dogmes, sans un bêlement qui dépasse, bien disciplinés pour espérer aller en paradis.

Dans les premières années 30, le désir d'un des personnages de Céline était, tout au contraire, sans nier le collectif, de rester « tout juste un individu » avec ce que cela suppose de fragilité, un peu comme le roseau de Pascal, le plus faible de la nature mais un roseau pensant par lui-même ; c'est la volonté aussi du Roquentin de Sartre, lequel a repris, comme épigraphe pour *La Nausée,* cette profession de foi, tirée de *L'Église*, une comédie en cinq actes de Céline : « c'est un garçon sans importance collective, c'est tout juste un individu ».

Se persuader que l'on peut échapper au tropisme de la masse, à la fatalité des événements, rejoint le caractère personnel et volontariste des superstitions. On l'a vu, un superstitieux raisonnable se donne les moyens de refuser les rendez-vous à Samarcande qu'il n'a pas pris lui-même. Parce qu'elles sont fondées sur la mise en doute de l'ordre établi et sur la liberté de chacun, les superstitions permettent de contester son prétendu destin. Chacun peut considérer que rien n'est écrit de sa vie ni de sa condition, ou que, si « c'est écrit » comme certaines religions le proclament, on peut modifier la version que l'on n'a pas écrite soi-même, puis en réécrire une autre, comme les techniciens de l'espace corrigent la trajectoire d'une fusée.

Si pacifiques qu'elles soient aujourd'hui, les superstitions inquiètent encore. Moins que du temps de Voltaire et des Jésuites : les temps ne sont plus les mêmes. Sans avoir changé de camp, la misère et les inégalités ne sont tout de même plus ce qu'elles étaient. Encore que…

Lorsqu'on passe de l'autre côté du miroir, donc du savoir – ce que permettent à leurs façons magiques les superstitions –, on prend le risque de voir les certitudes les mieux établies remises en question et sa conscience tranquille vaciller. Un bon exemple de ce risque, si peu calculé qu'il a ébranlé le narrateur de *À la recherche du temps perdu*, est illustré par une description à connotation socio-politique, rare chez Proust : celle de « l'aquarium », le nom qu'il a donné à la salle à manger du Grand Hôtel de Balbec (Cabourg).

En habitué qui sait son monde, il regardait autour de lui. Ainsi avait-il remarqué que des gens du coin venaient se poster derrière les baies vitrées de cette salle à manger pour regarder dîner les clients de l'hôtel – comme on va au spectacle passer une soirée.

Un soir, par curiosité, il quitte sa table et va se mêler aux badauds. D'assister à ces agapes dont il ressent soudain ce qu'elles peuvent avoir d'indécentes, vues de ce côté-là de la vitre, l'idée lui vient, sournoise et inquiétante (nous y voilà), que ces petites gens, au ventre pas trop plein peut-être, pourraient bien se mettre un jour sous la dent ces nantis qui chipotent leurs ortolans et qui lui ressemblent comme des frères. Cette vision à résonance socio-politique n'est pas sans rappeler, me semble-t-il, celle que l'on peut porter sur les sabbats, et les superstitions.

AVANT DE FERMER CE MANUEL DE BONNE CONDUITE

Voici quelques superstitions ultimes, à l'attention des idéalistes que seul l'argent intéresse, et qui souhaitent aussi avoir de la chance et connaître l'amour.

L'argent

Si l'on veut être riche :

☞ On profite d'un moment où le Diable a pris l'apparence d'un chat noir, puis on charge son dos d'une besace : l'un des sacs empli de pièces d'argent et d'or (si l'on en a) ; l'autre vide. Après quoi, on chasse le chat à coups de pieds en lui commandant :
– Va où tu dois, diable d'argent !
Lorsqu'il revient, neuf jours après, la besace pleine de pièces d'argent et d'or, on n'y touche pas. On actionne sa queue, d'avant en arrière, comme s'il s'agissait d'une pompe à eau manuelle. Cette manière de tirer le diable par la queue a pour effet de lui faire déféquer autant de pièces d'argent et d'or que l'on désire.

On ne peut avoir recours à cette opération qu'une seule fois dans sa vie, mais le Diable d'argent peut servir neuf maîtres différents. En paiement, il garde l'âme du dernier qu'il a enrichi. Aucun d'eux ne sait s'il est le neuvième.

☞ À la première apparition de la nouvelle lune, il faut faire le vœu d'être riche alors que l'on tient une pièce d'argent dans sa main droite (gauche, si l'on est gaucher).

☞ Si l'on ne veut pas manquer d'argent, on agite les pièces que l'on a dans sa bourse ou dans sa poche pour les faire sonner, lorsqu'on entend le chant du coucou, la première fois de l'année.

☞ Si l'on veut mourir sans argent : on fait raccommoder la poche trouée de sa veste sans la quitter.

La chance

Venant du verbe latin *cadere* qui signifie choir, le mot chance désigne le temps que les dés mettent pour retomber. Selon qu'ils montrent telle ou telle face, la chance est bonne ou mauvaise. Cependant, certains signes qu'il faut connaître sont de bon augure.

La chance sourit si on a marché du pied gauche sur une crotte, sans l'avoir fait exprès ; on se signe de la main gauche, en ayant croisé le majeur sur son index ; un homme touche son sexe de la main gauche, sans ostentation ; avant de s'installer à une table de jeu, on fait le tour de sa chaise avant de s'asseoir (on ne peut le faire qu'une seule fois au cours d'une partie) ; on crache avec discrétion sous sa chaise ou sur sa main avant de lancer les dés, distribuer les cartes, etc.

La destination d'un parapluie est de protéger de la pluie, pas des malheurs qui peuvent vous tomber dessus. Le mieux donc est de ne jamais en ouvrir un, sauf s'il pleut. Ouvrir un parapluie sous un toit porte malheur, parce que, ce faisant, on montre à ceux qui vous reçoivent que l'on ne fait pas confiance à l'abri qu'ils vous proposent.

De même, on n'appelle pas « pépin » un parapluie sans se porter la poisse. Cela, parce que l'attentat perpétré contre Louis-Philippe en 1835 a échoué à cause du mauvais sort qui s'acharnait contre un des comparses nommé Pépin, depuis sa naissance.

L'amour

Les affaires de cœur se traitent le vendredi. C'est la seule occurrence où ce jour noir, on le sait, n'est pas maléfique.

Pour être aimé(e), on peut utiliser des philtres d'amour, ou des talismans, ou des pratiques magiques. Les uns à la suite des autres. Jamais de manière concomitante.

☞ Le meilleur philtre se compose de sept pincées de poudre obtenue à partie des testicules d'un lièvre, de la même quantité de poudre de foie de colombe, et de sept gouttes de son sang ; le tout mélangé au breuvage que préfère l'être dont on veut se faire aimer.

Si la personne aimée vous délaisse, faites-lui boire un anti-philtre d'amour, composé de bouillon de veau, additionné de pourpier et de laitue, dans lequel vous aurez mis trois pincées de poudre du sexe d'un taureau.

☞ Un des talismans efficaces et faciles à confectionner est celui attribué à la planète qui gouverne l'amour, Vénus. Il faut porter sur soi, enveloppé dans une pochette de velours rouge, une plaque de cuivre ronde, portant sur son avers une effigie de Vénus accompagnée de Cupidon, et sur son revers le carré magique totalisant 49, le nombre qui la symbolise.

Si l'être aimé se dévergonde sans vous, offrez-lui un anti-talisman : une pierre de lune montée en bague ou en porte-clefs ; c'est la pierre même de la chasteté.

☞ Une bonne pratique que la magie a mise au point recommande de parfumer ses aisselles avec un onguent composé de graisse de loup, d'ambre gris, le vendredi, pendant trois semaines de suite. Le vendredi suivant, l'être aimé doit succomber.

ET MAINTENANT, VIVEZ, QUE DIABLE !

On l'aura compris, chacun peut faire ce qu'il veut des superstitions, comme il le veut, quand il veut en user. Il n'en va pas de même de toutes les croyances (magiques ou pas) dont on peut craindre que certaines d'entre elles tiennent leurs zélateurs en dépendance.

Chacune de ces croyances a sa manière, qu'il s'agisse de la religion, de l'astrologie, de la voyance, des autres arts divinatoires ou des formes différentes de spéléologie des cœurs et des âmes, comme la psychanalyse, par exemple, si utile aux psychanalystes et à ceux qui veulent vérifier qu'ils sont des pervers polymorphes.

Lorsqu'on va voir un des officiants de ces croyances, c'est quelquefois pour réagir. Plus souvent, pour être caressé dans le sens du poil. En tous cas, pour entendre parler de soi. Ce n'est peut-être pas ce qu'il y a de pire.

Un dernier mot. Il est de Bossuet, l'honnêteté faite homme d'Église : « Les vraies études sont celles qui apprennent les choses utiles à la vie humaine. » On ne saurait mieux dire.

Quoi de plus utile que les superstitions, lorsqu'on en fait un bon usage ?

POST-SCRIPTUM

Si vous ne partagez pas cet avis, « mettons que je n'ai rien dit » (Jean Paulhan, *Les Fleurs de Tarbes*).

Achevé d'imprimer
par la Sagim (à Courtry)
en novembre 1998.

Dépôt légal : décembre 1998.
N° d'édition : 3012.

Imprimé en France.